LA
GENERACIÓN
DE LA UNDÉCIMA HORA

DANIEL CALVETI

LA GENERACIÓN DE LA UNDÉCIMA HORA
Edición publicada en español por
EDITORIAL VIDA - 2008
Miami, Florida

© 2008 por Daniel Calveti

Edición, diseño interior: *Gisela Sawin*
Diseño de cubierta: *Benjamín Francisco Peralta*

ISBN 978-0-8297-5575-6

Categoría: Vida cristiana / Crecimiento personal

Impreso en Estados Unidos de América
Printed in the United States of America

08 09 10 11 ❖ 6 5 4 3

DEDICATORIA

A ti, mi Señor Jesucristo. No era nadie sin ti hasta que decidiste fijar tu mirada en mí. Te amo.

Shari, mi amor, te amo. Sé que nos gusta estar las veinticuatro horas del día juntitos, es por eso que te doy gracias por regalarme de nuestro tiempo para escribir este libro. Eres una mujer esforzada, sabia y muy amorosa. Conversar contigo me alegra la vida.

Isaac, Natán y Daniela, a ustedes por ser nuestros hijitos, nuestra herencia. Hoy están pequeños pero mañana serán dos grandes hombres y una gran mujer de Dios. Los amo mucho.

A mi abuelo, Juan Castillo, un hombre que hasta su último día de vida fue un gran ejemplo de fe.

AGRADECIMIENTOS

Jesús, te doy gracias porque organizas mis pensamientos, porque tu Palabra ha traído éxito a mi diario vivir. Te agradezco muchísimo. ¡Gloria a tu nombre por siempre!

Shari, mi amor, gracias por tu paciencia y tanto amor. Gracias por los exquisitos platos de comida con los que me sorprendiste en el proceso de escribir este libro. Créeme esperaba todos los días con mucha emoción que me dijeras: ¡Daniel, ven a comer! Mi amor, ¡te amo! ¡te amo! y ¡te amo! ¡Eres mi mejor amiga! ¡Gracias por ser una excelente esposa y madre!

Isaac, Natán y Daniela: Gracias por su paciencia y comprensión a su temprana edad. ¡Los amo mucho!

Gracias papá y mamá. Son abuelos maravillosos. Gracias por tanto amor a sus nietos. Gracias por ayudarnos a cuidarlos mientras escribía este libro.

Gracias a mis hermanos por todo su apoyo. Zuleima, Giosué, Zoar y Luis, Juan y Nati, Ezequías y Valerie.

Gracias a Sergio y Laura Blanchet, a Esteban y Patricia Fernández por tener corazones sensibles a Dios y servir a los demás.

Gracias a Zuleima Castillo Calveti, a José H. Hernández y a Arturo Allen.

Gracias a David Alarcón, Gisela Sawin, Miriam Enid Rodríguez y a Benjamín Francisco Peralta por su excelente labor en este escrito.

Gracias a todo el equipo de Editorial Vida y Zondervan por todo su apoyo.

CONTENIDO

INTRODUCCIÓN

La generación de la undécima hora es un libro lleno de ministración, enseñanzas y desafíos para ti.

El contenido de este libro será de gran ayuda en tu crecimiento como cristiano. Te darás cuenta de lo importante que eres para Dios. Acompáñame en una hermosa travesía en la que disfrutarás cada etapa. Léelo de principio a fin. No te pierdas ningún capítulo, porque créeme, cada uno de ellos están esperándote con regalos de Dios para tu vida. Todo lo que leas en este escrito piénsalo, reflexiónalo y luego decide actuar.

Por favor, examina cómo te sientes ahora mismo antes de comenzar a leer este libro y vuelve a evaluar cómo te sientes al terminarlo. Te sorprenderá la respuesta.

¡Bueno!

¡Qué esperamos!

¡Comencemos este emocionante recorrido!

Que Dios te bendiga,
Daniel Calveti

Capítulo I

TODO COMIENZA EN LA LUNA DE MIEL

E l día primero de julio del 2000, Shari y yo nos casamos. Fue una boda inolvidable y muy especial para nosotros, ya que contábamos con la presencia de Dios y de muchos familiares y amigos queridos. Como en toda boda latina, había mucha comida, regalos y música alegre. Los que me conocen saben que uno de mis *hobbies* favoritos es comer, pero ese día comprobé que en las noches de bodas los que menos comen son los novios, porque tienen sus emociones abordadas, los saludos de la gente los distraen, sumado a las expectativas que surgen en la espera del nuevo capítulo que comenzará en sus vidas después de ese festejo.

Este nuevo capítulo de la vida tiene que ver con Dios mismo. Es como si te quitara el vestuario de soltería y te vistiera con el del matrimonio. Ese diseño de vida fue creado por él y está lleno de proyectos emocionales, espirituales, físicos y materiales, que después de esa noche de nupcias tendríamos la tarea de descubrir uno a uno.

El anhelo de toda pareja recién casada es realizar el viaje de sus sueños. Shari y yo sabíamos cuál era, pero en ese entonces no contábamos con los recursos económicos para hacerlo. Así que tuvimos que buscar el viaje de «Las Tres B's»: ¡Bueno, Bonito y Barato! Después de ese viaje Dios nos ha permitido hacer muchos más, pero ninguno se compara al de nuestra hermosa y especial luna de miel.

Shari tenía la gran bendición de que gracias a su trabajo en una aerolínea comercial disfrutaba de algunos beneficios, y unos meses antes de nuestra boda fue recompensada por su buen trabajo en la compañía con una estadía de tres noches y cuatro días, con todo incluido, en un hotel del Caribe, en la isla de República Dominicana. Esto cayó como anillo al dedo porque se sumó a los planes que ya teníamos para la luna de miel. El siguiente plan después de visitar la República Dominicana, era ir a Cancún, México. Aunque todavía no era el viaje soñado que tanto anhelábamos, nos causaba mucha alegría poder hacerlo.

Desde que estábamos de novios habíamos decidido que las tareas y proyectos de la casa serían siempre de los dos, pero el mejor que los realizara sería el líder en cada área. Por ejemplo, yo detesto limpiar el piso o lavar los baños, pero a Shari le gusta. De hecho, cuando asea los baños los transforma en laboratorios químicos porque utiliza cuanto producto de limpieza haya en el mercado para que todo quede impecable y con buen olor. A Shari no le gusta planchar, sin embargo para mí es una terapia, porque me ha servido de inspiración para componer canciones como «Un día más».

Les explico esto porque quien prepara y organiza los viajes es mi esposa. Su experiencia en esa área es importante. Ella tiene la logística de pensar en todo, sin olvidar detalle. Este don le permite planificar sorpresas que llegan en momentos donde menos las espero y que me causan mucha alegría.

Cuando finalizaron nuestros días de luna de miel en Santo Domingo tuvimos que hacer escala en la ciudad de Miami, Estados Unidos. Allí tomaríamos el avión que supuestamente nos llevaría a Cancún, México.

Mientras caminábamos hacia la puerta de embarque, Shari me pidió que la esperara sentado en una de las salas porque supuestamente ella necesitaba usar el sanitario. Yo, como todo hombre obediente, le creí y la esperé, pero en verdad ella había aprovechado ese momento para terminar de revisar su plan sorpresa.

Por fin, a su regreso, me dice que ya estábamos listos para abordar el avión, y me entregó mi boleto. Lo miré y le dije: «Gracias ¡Qué bueno! ¡Vamos a Cancún!» Ella, sonriéndose me dijo: «Daniel, lee bien tu boleto». Lo miré por segunda vez y volví a decir: «Mi amor, ¡Vamos a Cancún en Primera clase!». Ella no insistió más y entramos al avión. Las azafatas nos ubicaron en los lugares que teníamos reservados, y era en primera clase. Yo parecía un niño pequeño tocando todos los botones de aquel sofisticado asiento, era la primera vez que viajaba así. Entonces, por tercera vez, Shari me pidió que observara bien el boleto, rehusándose a dejar de mirarme hasta que obtuviera la respuesta que estaba esperando. Miré nuevamente el boleto y finalmente lo leí. « ¡No lo puedo creer! ¡Vamos a Paris!», grité. Bendito sea Dios, nuestro gran sueño de luna de miel se había hecho realidad.

Con nuestra llegada a Paris, Shari había planificado que la primera excursión sería visitar el extraordinario Museo de Louvre. Dentro de mí no pensé que fuera buena idea, porque el concepto que yo tenía en mente de los museos de arte era negativo. Siempre pensé que debía estar mucho tiempo mirando pinturas que por más que las viera de cualquier ángulo, no las entendería, y por supuesto tampoco conocía o reconocería los nombres de sus pintores.

Pero el gran detalle de estar recién casado es que a todas las sugerencias de tu esposa le dices que sí. De este modo tuve que ceder, y pronto descubriría que mi anterior manera de pensar estaba a punto de ser derribada.

Ingresamos al majestuoso Louvre a las diez de la mañana, y eran casi las seis de la tarde y continuábamos allí. Yo estaba fascinado con todas las obras de arte que estaba viendo. Cuadros pequeños, medianos, grandes, techos laborados con hermosas pinturas que reflejaban la historia.

Tuve la oportunidad de ver la famosa obra titulada «La Mona Lisa». Fue una experiencia jocosa, porque no importaba de qué lado la observara, ella continuaba mirándome, hasta me ponía nervioso con verla. ¡Casi la reprendo!

También contemplamos unas esculturas preciosas y esculpidas al detalle, y aunque no conocía la vida de sus autores, se ganaron mi total admiración y respeto. Imagínese este negrito venezolano con la mujer que ama, en un museo lleno de mucho romance.

Definitivamente fue una de las experiencias más gratificantes que he tenido. Amo a Shari, no solo porque es mi esposa y mi amiga, sino porque puedo ver el amor de Dios hacia mí a través de ella. Pídele a Dios que te dé la sensibilidad para reconocer su afecto hacia ti, porque es muy probable que ahora estés experimentando su amor por medio de seres queridos que te rodean.

Antes dije que todo comenzaba en la luna de miel, porque de la misma forma que te enamoras más de tu pareja, también te enamoras más de aquel que la creó. Dios anhela enamorarte más de él, desea que cada mañana despiertes con esa sensación de mariposas en tu estómago que reflejan tu deseo de estar en él. Anhela crearte expectativas para que siempre desees descubrir cuál es la sorpresa que tiene preparada para ti. Como todo novio y esposo, él desea darte regalos inesperados para que sepas que te ama y que premia tu fidelidad. Dios desea que tomes su mano y te dejes llevar al pasado como a un viaje. Él promete sanar la visión que tienes de la vida la cual tal vez fue afectada por experiencias negativas.

Dios anhela que entres a su casa y mostrarte allí cosas maravillosas que nunca pensaste que verías. Él no desea que entres a su casa solo, sino con aquellos seres queridos que amas. Por favor, déjate enamorar por Jesús. Probablemente otros te han fallado, pero Jesucristo nunca te defraudará porque él es el amor verdadero. Jesucristo es el alfarero por excelencia, y su intención es enamorarte, porque esa es la llave que abrirá la puerta de inicio del plan maestro que tiene para ti.

El primer paso para entrar en su casa es aceptar a Jesús en tu corazón, pedirle que perdone tus pecados y creer que es tu Señor y Salvador. El libro de Romanos 10:8-11 dice:

«Cerca de ti está la palabra, en tu boca y en tu corazón. Esta es la palabra de fe que predicamos: que si confesares con tu boca que Jesús es el Señor, y creyeres en tu corazón que Dios le levantó de los muertos, serás salvo. Porque con el corazón se cree para justicia, pero con la boca se confiesa para salvación. Pues la Escritura dice: Todo aquel que en él creyere, no será avergonzado».

CAPÍTULO II

UNA OBRA MAESTRA

Una de las enseñanzas más profundas que marcó mi visión de cómo veo a Dios y de cómo me ve él a mí, la aprendí en mi luna de miel. Un tiempo después de nuestra de ese maravilloso tiempo juntos, Dios me puso a reflexionar acerca de mi visita al Museo de Louvre. Sentía que él me preguntaba:

—Daniel, ¿te acuerdas de tu visita al Museo?

—Pues claro, ¿cómo olvidarla? —contesté.

—Daniel ¿qué enseñanza pudiste sacar de esto?

Qué gran pregunta puso Dios en mi corazón, porque la respuesta surgió de inmediato. Recuerdo que me impresionó mucho ver unos salones exclusivos muy importantes llenos de pinturas que todo el mundo quería ver. Eran obras de arte que pertenecían al museo pero solamente podían ser vistas en esa oportunidad, ya que eran rotadas y exhibidas entre otros museos del mundo. En esa ocasión estaban allí por un tiempo determinado.

Valía la pena hacer el esfuerzo de esperar esa larga fila de personas deseosas de entrar a los glamorosos salones muy iluminados y con alfombras rojas muy elegantes, dignas de la realeza.

Además, cada cuadro tenía iluminación propia a través de reflectores especiales, y eran tan brillantes que resaltaban la belleza de las pinceladas. Había pinturas de todos los tamaños, chicos, regulares y monumentales. En algunos casos tenías que caminar de un extremo a otro de la pared para poder apreciarlo. Estos salones tenían lienzos con diversos contenidos: paisajes, fotografías, collages, pinturas abstractas y lineales, entre otras. Era impresionante ver los detalles de terminación que tenían los marcos de cada obra, algunos en oro, plata, bronce y madera tallada.

La actitud de los espectadores era de un silencio absoluto. Con los ojos bien abiertos contemplaban y admiraban estas obras maestras. También recuerdo haber visto caminar silenciosamente en los pasillos a personas vestidas elegantemente y muy bien peinadas. Ellos cuidaban celosamente cada una de estas obras, eran los «guardianes» de esas maravillas.

Al detenerme y observar la imagen completa que les describí, le respondí al Señor la pregunta pendiente:

—Daniel ¿qué enseñanza pudiste sacar de esto?

—Mi enseñanza está clara Señor —contesté— Yo soy una obra maestra, creada por ti y puesta en el museo llamado Mundo.

¡Wow! ¡Qué gran revelación recibí! Cambió mi forma de ver la vida. Tú eres una obra maestra, la mejor y la más renombrada producción de tu autor y artista, que es Dios.

Para Miguel de Cervantes, su obra maestra es «Don Quijote». Para Leonardo Da Vinci son «La Gioconda» y «La Última Cena». En cambio, para Beethoven su principal obra fue la «Novena sinfonía». Pero para Dios, su gran obra maestra eres tú. Él te hizo único, no hay nadie que se parezca a ti, no hay otro ser humano que tenga tus mismas huellas digitales. Dios vio que lo que había hecho de ti era bueno en gran manera y te encontró apto para soplar de su propio aliento de vida.

Cuando contemplas una obra de arte lo que buscas es apreciar la esencia de su pintor; tú estás diseñado para cumplir con éxito tu propósito de vida porque tienes la esencia de Dios en ti. Él tomó el mejor molde para crearte, su Hijo Jesucristo. La Biblia dice en el libro de Efesios 2:10: «Por que somos hechura suya, creados en Cristo Jesús para buenas obras, las cuales Dios preparó de antemano para que anduviésemos en ellas».

Probablemente tus padres no planificaron concebirte, y te sientes una casualidad sin rumbo. Pero Dios sí planificó formarte en el vientre de tu madre. Él programó tu llegada a este mundo y planificó los días por los cuales caminarías esta jornada llamada vida.

Así lo expresa el salmista David en Salmo 139:13-16: «Porque tú formaste mis entrañas; tú me hiciste en el vientre de mi madre. Te alabaré; porque formidables, maravillosas son tus obras; estoy maravillado, y mi alma lo sabe muy bien. No fue encubierto de ti mi cuerpo, bien que en oculto fui formado, y entretejido en lo más profundo de la tierra. Mi embrión vieron tus ojos, y en tu libro estaban escritas todas aquellas cosas que fueron luego formadas, sin faltar una de ellas».

La mayoría de obras de arte se caracterizan por su variado colorido. El pintor escoge diversos colores para resaltar de esa forma los estados de ánimo de su pintura. De la misma manera, el Gran Artista coloreó tu vida. Sus colores son los frutos de su Espíritu Santo: amor, gozo, paz, paciencia, benignidad, bondad, fe, mansedumbre, templanza. El producto de estos colores dará belleza a tus sentimientos. Somos una obra maestra porque fuimos compuestos por una Trinidad: El Padre, que dio la palabra para que fuésemos creados, Jesucristo quien fue nuestro molde, y el Espíritu Santo, que nos consuela y nos guía a hacer el bien.

Todo pintor termina su obra maestra estampando su firma, la cual es su sello. Él sabe que su autografía va a identificar y autenticar su identidad como autor de la obra. De hecho, lo que le da valor a la obra es la firma del autor. No éramos nada hasta que él decidió poner su firma en nosotros. Su poderosa firma te da valor. Adán era solamente polvo hasta que Dios puso su sello en él, su aliento de vida, entonces fue un ser con vida. El texto de Génesis 2:7 dice: «Entonces Jehová Dios formó al hombre del polvo de la tierra, y sopló en su nariz aliento de vida, y fue el hombre un ser viviente».

Cuando Dios te creó, firmó su obra para que camines como una persona valiosa y estimada. Eso te da el derecho de sentir que puedes descansar porque hay alguien que se ha hecho responsable de ti. Tienes que saber que bajo su prestigiosa firma todo está preparado para ti. Sé que algunas experiencias de la vida tratarán de hacerte olvidar momentáneamente que perteneces a un Creador, no obstante las promesas de Dios en la Biblia están para recordarte que nunca su firma te abandonará.

En una ocasión, viajaba hacia Costa Rica con Shari e Isaac Daniel, nuestro hijo mayor que en aquel tiempo era todavía un bebé. En ese momento estaba preocupado porque teníamos que tomar algunas decisiones ministeriales y orábamos por dirección específica. Nos pusimos a conversar sobre el tema y comencé a hacerle unas cuantas preguntas a mi esposa, y casi todas incluían la palabra «cómo». ¿Cómo visitaremos tantos lugares? ¿Cómo la gente va a aceptar mi música? ¿Cómo vamos a financiar tantos proyectos? ¿Quién cuidará de ti y los niños cuando yo esté de viaje? La verdad que por unos instantes olvidé bajo qué firma estaba mi vida.

Como siempre, Dios usó a Shari para hablarme. Ella abrió la Biblia en el libro de Isaías 46:3-4 y me dijo: Daniel, esta promesa de Dios es para ti, léela. Ella sabe que si hay algo que derrite mi corazón es la poderosa Palabra de Dios, porque yo le creo ciegamente. Su mensaje causa alivio a mi ansiedad y le da dirección a mi vida. Cada vez que leo una promesa de Dios trato de personalizarla en mi vida, porque tengo la certeza de que Dios me está hablando.

Aquella tarde, a treinta y cinco mil pies de altura, recibí una de las promesas de Dios que me recuerda todos los días de mi vida que estoy bajo la mejor firma, la de Dios. Por favor léelo y personalízalo para ti.

«Oídme, oh casa de _____, y todo el resto de *mi generación*, los que sois traídos por mí desde el vientre, los que sois llevados desde la matriz. Y hasta la vejez yo mismo, y hasta las canas os soportaré yo; yo hice, yo llevaré, yo soportaré y guardaré».

En este pasaje Dios le recordó al pueblo de Israel que él es Dios y que no hay ningún ídolo en la faz de la tierra que se compare a su poder. Les hacía memoria de lo que él había hecho por ellos y les reafirmaba su pacto y misericordia, a pesar de que ellos se habían alejado de él. Qué bueno es Dios, que en tus momentos más difíciles no te señala sino que te cubre con sus promesas para recordarte que ha puesto un norte en la vida para ti. Su poderosa firma te dará prestigio para decir que como él no hay nadie.

Ese día Shari me detalló esta promesa de Isaías 46:3-4 y hoy también la comparto contigo: «Daniel, Dios te escogió desde el vientre de tu madre y estará contigo, no por diez ni treinta años, sino hasta las canas, hasta el fin de la vida, y en su estadía hará cuatro pactos contigo. Él hizo, solo que toca la puerta, llama y te atenderán. Él te llevará, no te preocupes por los lugares donde has de llevar la encomienda que tienes, él ya los preparó. Él te sostendrá, no te angusties, él bendecirá la obra de tus manos para que tengas éxito, y hará provisión de recursos que soporten todos tus proyectos. Él te guardará, no temas, él cuidará de ti y de nuestra familia».

Después de escuchar esta promesa de Dios en aquel avión quedé sin palabras, me sentía como una mesa inestable a la que alguien le coloca un soporte para que nunca más vuelva a moverse. Sabía que mi vida no volvería a ser la misma desde aquel momento. Shari continuó atendiendo a nuestro bebé, y yo dirigí la mirada hacia la ventana del avión y permanecí varios minutos contemplando un hermoso mar de nubes blancas.

Mientras reflexionaba en la palabra que había recibido, una oración de gratitud comenzó a brotar en mi mente: «Dios, si tú insistes que has estado conmigo desde el vientre y seguirás estando conmigo hasta las canas, entonces yo te adoraré, no por diez ni treinta años, sino que lo haré hasta el fin de la vida».

Nunca imaginé que esta oración se convertiría en una canción que hoy en día bendice a miles de personas alrededor del mundo. La misma lleva por título *Isaías 46:3,* y siempre que la entono lo hago como si fuera la primera vez. Tú eres la mejor obra maestra porque llevas la mejor firma. Por favor, lee la Biblia porque está llena de promesas de Dios para tu vida.

Los días que me fueron dados

Letra y música: Daniel Calveti

No sabía cuánto me amabas. Formaste mi caminar
Mi comienzo vieron tus ojos y algo tengo que hacer por ti
Perfectos tus pensamientos son, muchos no los puedo contar
Despierto y aun estoy contigo, y algo tengo que hacer por ti
Y quiero amarte siempre, vivir fiel a ti.
Aprovechar por completo los días que me fueron dados.
Los días que me fueron dados, los días que me fueron dados por ti.

Tomado del álbum musical «En paz» ©2008

CAPÍTULO III

EN ESTE MUSEO
LLAMADO MUNDO

Parte de la enseñanza que recibí en mi visita al Museo de Louvre fue entender que soy creado como una obra maestra y expuesto en este gran museo llamado Mundo. Esta verdad despertó en mí una gran pregunta para Dios. ¿Con qué propósito me pusiste en el museo denominado Mundo? La respuesta vino cuando Dios me dirigió a buscar algunas de las definiciones de las palabras «museo» y «mundo» en el diccionario. Él quería estar completamente seguro de que yo comprendía hacia dónde me estaba llevando.

La mejor especificación que encontré del término «museo» es: «Lugar donde se guardan y exponen colecciones de piezas artísticas o científicas». La descripción que más se adaptaba de la palabra «mundo» es: «Conjunto de todas las cosas creadas». Con estas definiciones entendí que él es el «Gran Artista», y nosotros somos una de sus creaciones en exhibición. Él nos trajo a este mundo para exhibirnos, no obstante, dicen que una pregunta conlleva a otra, y el próximo interrogante que surgió fue: «¿Para quién vamos a exhibirnos?».

Tomé la Biblia en mis manos y comencé a buscar respuesta a mi inquietud. El primer fundamento que encontré fue en el libro de Colosenses 1:16-17 que cita:

«Porque en él fueron creadas todas la cosas, las que hay en los cielos y las que hay en la tierra, visibles e invisibles, sean tronos, sean dominios, sean principados, sean potestades, todo fue creado por medio de él y para él. Y él es antes de todas las cosas y todas las cosas en él subsisten».

En esta carta a los colosenses, el apóstol Pablo habla de uno de los protagonistas de la Trinidad y de la Creación, nuestro Señor Jesucristo, y explica que todo lo creado fue hecho por él y para él.

Uno de mis sueños es diseñar una guitarra electroacústica a mi gusto. Para hacer realidad este sueño quiero reunirme con los fabricantes en una oficina espaciosa, con cristales transparentes que tengan una excelente vista al cielo azul. Deseo además tener una buena taza de café con leche en mi mano izquierda, sentado en una mesa redonda con una confortable silla reclinable y hablar con ellos de los detalles de la guitarra.

Ese día llevaré conmigo una libreta con hojas en blanco y muchos lápices para tratar de plasmar la forma de la guitarra que estoy viendo en mi mente. También me presentaré con un modelo pequeño de la madera con que quiero que hagan la lira. Llevaré en un pedacito de papel todas sus medidas. Escogeré un sistema de amplificación que contenga el mejor ecualizador para poder modificar su sonido de acuerdo al auditorio que esté en ese momento. Además, le pondré un afinador integrado para por fin evitarme viajar con tantos cables y afinadores externos que solo me causan complicaciones y peso a mi maleta. Compraré un poco de oro en las minas de Brasil para que adornen piezas como el clavijero, el puente, los trastes, y por supuesto todo el borde del instrumento. Le pediré que le pongan las mejores cuerdas de metal con el número de tamaño 0.12, y que me agreguen doce paquetes más de cuerdas para usarlos uno por mes.

Mandaré a estampar mi firma en oro en la parte del frente, y junto a ella la cita bíblica que siempre escribo en mis autógrafos: Deuteronomio 32:10. Por último, ordenaré que en el medio del espaldar tallen el retrato de mi esposa y de los niños.

No se imaginan cuánto anhelo tener esa guitarra en mis manos y viajar con ella por todo el mundo y enseñársela a miles y miles de personas en nuestros conciertos. No saben el deseo que tengo de verla adornando mi oficina. Sueño escuchar su sonido con una resonancia que a propósito le creé. Deseo presentársela a mis amigos músicos como mi «diseño exclusivo», y me impacientaría porque llegue el día que la ponga en manos de mis hijos como herencia, para que ellos sigan componiendo música para Dios y lo hagan mucho mejor que su papá. ¡Qué buena guitarra voy a tener! Esta sería mi obra maestra.

Sin embargo, esta narración acerca de la realización de la guitarra de mis sueños es como yo veo el pasaje de Colosenses 1:16-17, porque el que crea tiene el privilegio de planificar lo que quiere y cómo lo quiere, para luego hacerlo realidad y concluir disfrutándolo para sí mismo.

Dios nos planificó y nos hizo para su deleite. El texto de Salmos 150:6 nos hace saber que somos creados para la alabanza de su Gloria. Eso quiere decir que vivimos en este museo (el mundo) exhibiéndonos para él. Cada aliento de nuestra vida da gloria, honra y majestad a su nombre, y el mínimo detalle de nuestra existencia elogia su poder, su grandeza, y sobre todo, declara que él es Dios, el Principio y el Fin, que es Soberano y no hay nada ni habrá nadie que haga la obra que él hizo.

Por favor, toma un minuto ahora mismo, cierra tus ojos y levanta tus manos. Dile: «Dios, mi Dios, toda mi vida se exhibe para ti, yo vivo para darte gloria y alabanza por siempre».

El plan de Dios desde el principio era que la humanidad fuera una creación que se exhibiera solo para su gloria. Sin embargo, el hombre no supo entender uno de los grandes regalos del Creador. Me refiero al libre albedrío, que es la facultad para obrar o no obrar. Esta libertad Dios se la dio a la humanidad como un regalo artístico para que pudieran administrar, dirigir, escoger y gobernar sobre todo lo que él había creado.

Así lo afirma el libro de Génesis 1:26-28ª:

«Entonces dijo Dios: Hagamos al hombre a nuestra imagen, conforme a nuestra semejanza; y señoree en los peces del mar, en las aves de los cielos, en las bestias, en toda la tierra, y en todo animal que se arrastra sobre la tierra. Y creó Dios al hombre a su imagen, a imagen de Dios lo creó; varón y hembra los creó. Y los bendijo Dios, y les dijo: Fructificad y multiplicaos; llenad la tierra, y sojuzgadla».

Adán y Eva lo tenían todo en el Edén, allí vivían y no tenían necesidad de nada. Ellos debían saber que por encima de la libertad que Dios les había dado eran seres creados, y tenían que seguir las directrices del Creador.

Esto lo vemos en el libro de Génesis 2:15-17 que dice:

«Tomó, pues, Jehová Dios al hombre y lo puso en el huerto de Edén, para que lo labrara y lo guardase. Y mandó Jehová Dios al hombre diciendo: De todo árbol del huerto podrás comer; mas del árbol de la ciencia del bien y del mal no comerás; porque el día que de él comieres, ciertamente morirás».

Resalto esto porque Adán y Eva no tenían que estar preocupados con tantas reglas para vivir, solo tenían una: «No comerán del árbol de la ciencia del bien y el mal porque sino morirán». Ellos tenían una balanza positivamente desproporcionada. De un lado tenían una regla para no quebrantar y del otro lado múltiples privilegios de Dios puestos en el Edén. Era obvio que se decidieran por el lado que más pesaba, pero decidieron romper el mandato que Dios les dio y esto produjo enormes consecuencias.

La gran caída de la humanidad produjo uno de los peores resultados: «conocieron el mal». Esta palabra significa: «Conducta que carece de bondad y otras cualidades positivas y que se opone a la razón, a la moralidad». El mal está lleno de pecado, y el pecado está compuesto de acciones, conductas, pensamientos, etc., que van en contra de la ley divina. El mal fue la desdicha que apartó a la humanidad de Dios.

Así lo confirma el libro de Romanos 3:23 que dice: «Por cuanto todos pecaron, y están destituidos de la gloria de Dios».

Imagino que te estarás preguntando por qué dice que «todos pecaron» si solo fueron dos. Es que este par de individuos eran los primeros ejemplos que Dios creó para que representaran al resto de la humanidad de donde tú y yo somos parte. Quiere decir que el pecado de desobediencia de Adán y Eva fue el nuestro también.

Esto lo explica el libro de Romanos 5:12 que dice:

«Por tanto, como el pecado entró en el mundo por un hombre y por el pecado la muerte, así la muerte pasó a todos los hombres, por cuanto todos pecaron».

El pecado es lo único que nos separa de Dios. Es como un gran muro que se interpone en nuestra relación con él. Es una muralla que nos deja sin vida ante nuestro Creador. En otras palabras, causa la muerte de un vínculo divino donde Dios ya no gobierna nuestra vida, sino el mal.

¿Te imaginas la obra de un gran artista reclamándole a su autor que borre su firma porque ya no la quiere, o que le ponga colores distintos porque los que tenía originalmente ya no le agradan y le reclamara a su creador diciendo: «No me gusta cómo me creaste, o no me gusta el color que me pusiste»?

Hay personas que se creen tan autosuficientes que niegan su sello y lo que son. La humanidad pecó porque jugó con la idea de ser como Dios, tentación que usó el maligno. Esto lo vemos en el libro de Génesis 3:4-5:

«Entonces la serpiente dijo a la mujer: No moriréis; sino que sabe Dios que el día que comáis de él, serán abiertos vuestros ojos, y seréis como Dios, sabiendo el bien y el mal».

Esta propuesta era totalmente absurda porque iba en contra del único propósito de la creación humana que es el de «exhibirse para la gloria de Dios». Por primera vez pensaron el darse la gloria a sí mismos, cavilaron con el concepto de un egocentrismo total, una exagerada exaltación de su propia personalidad hasta considerarla el centro de atención y de las actividades generales. Sencillamente ya la exhibición no era para Dios sino para ellos mismos.

El libro de Génesis, capítulo 3, verso 7 explica que cuando Adán y Eva pecaron, fueron abiertos sus ojos y conocieron que estaban desnudos, entonces sintieron vergüenza. En el versículo 11 del mismo capítulo una de las preguntas que Dios le hace a Adán es: «¿Quién te enseñó que estabas desnudo?», y él respondió: «La mujer que me diste por compañera, me dio del árbol y yo comí». Luego Dios le preguntó a la mujer: «¿Qué es lo que has hecho?», y ella respondió que el enemigo la había engañado y por esa razón comió.

En este acontecimiento, en su intento por buscar gloria para sí mismos ellos aprendieron tres cosas:

Entendieron que estaban desnudos

Todo aquel que se separa de Dios se va a sentir descubierto y desprotegido. En el capítulo tres de Génesis encontramos por primera vez que el hombre y la mujer experimentan una soledad llena de melancolía, nostalgia y tristeza por la pérdida de algo importante. Debemos saber que Dios no comparte su gloria con nadie. Además es absurdo pensar que un hombre puede soportar tener toda la gloria y la majestad de Dios encima. Él es Dios y no hay otro como él. Solamente hay dos estados existenciales para la humanidad: Estar cubierto de la gloria de Dios o vivir descubierto y desprotegido.

Aprendieron a cubrirse de una falsa gloria

En su caída, Adán y Eva sentían tanta vergüenza que buscaron delantales de hojas de higuera para tapar su desnudez. Esto evidencia el tipo de persona que por apoderarse de la gloria de Dios se pasa toda la vida tratando de tapar su vacío de su presencia con vanidades de la vida. El libro de Eclesiastés 1:2 dice: «Vanidad de vanidades, dijo el Predicador; vanidad de vanidades, todo es vanidad». Una persona vanidosa usará todo tipo de elementos materiales con tal de promover su envanecimiento, jactancia, vanagloria, soberbia, engreimiento, altivez, presunción, etc.

Por otro lado hay individuos que se esconden detrás de una falsa humildad, pero por dentro no reconocen a Dios sino que creen que todo lo que saben y poseen es gracias a ellos mismos. Éstas son actitudes erróneas, porque nosotros no fuimos creados para adorarnos a nosotros mismos sino a Dios.

La adoración a Dios está formada por tres actitudes fundamentales: el *reconocimiento,* la *humillación* y la *pureza.* Tienes que estar seguro de que estas conductas sean parte de tu vida, de lo contrario Dios no es el centro de ella.

El *reconocimiento* te permitirá expresar tu gratitud a Dios por todas sus bendiciones y favor concedido a ti. También te generará la certeza y el respeto de saber que hay un Dios que aunque no lo veas físicamente, sabes que te escucha y responde.

La *humillación* nos ayudará a no presumir de los logros que Dios nos da, y nos sensibilizará a reconocer nuestras debilidades y sobre todo a actuar sin orgullo. La Biblia dice en 1 Pedro 5:6: «Humillaos, pues, bajo la poderosa mano de Dios, para que él os exalte cuando fuere tiempo». Debemos aprender a reconocer que Dios es quien da el éxito.

Por último, la *pureza* es la más importante de las tres, pero lamentablemente es la que más se ausenta en la vida de las personas. Esto se debe a que la misma requiere estar limpio de suciedad o impurezas, algo que a la gente se le hace difícil abandonar, porque han encontrado placer al satisfacer los deseos de la carne. El libro de Gálatas 5:19, 20, 21ª, las presenta como: adulterio, fornicación, inmundicia, lascivia, idolatría, hechicerías, enemistades, pleitos, celos, iras, contiendas, disensiones, herejías, envidias, homicidios, borracheras, orgías y cosas semejantes a estas.

Pero en el versículo 16 del mismo capítulo nos da el gran consejo para nuestra libertad: «Andad en el Espíritu y no satisfagáis los deseos de la carne».

A menudo encontramos personas que reconocen a Dios y saben que sus logros vienen gracias a él, inclusive asisten con regularidad a la iglesia, sin embargo no se apartan de su pecado. Se visten de una vana fantasía pero por dentro están descompuestos. Para lograr una verdadera adoración a Dios se requiere pureza. La Biblia dice en el libro de Hebreos 12:14: «Seguid la paz con todos y la santidad, sin la cual nadie verá al Señor».

Por favor, toma este minuto para orar y pedirle a Dios que limpie lo que te ha alejado de la pureza, para que así puedas alcanzar plena libertad para adorarle.

Aprendieron a echarle la culpa a los demás

Dios cuestionó al primer hombre y a la primera mujer porqué habían desobedecido comiendo del fruto que él les había mandado que no comiesen. Pienso que la pregunta que Dios les hizo tuvo la verdadera intención de que su creación humana tuviera la oportunidad de humillarse, reconociera su falta y pidiera perdón. Definitivamente esta actitud de arrepentimiento hubiera cambiado algo en la historia de Adán y Eva. Sin embargo, debes de saber que en medio de tu falta Dios siempre te confrontará con amor para darte el privilegio de que reconozcas tu error y te arrepientas. Eso hará que cambie tu historia.

En el libro de 2 Crónicas 7:14 Dios expresa su misericordia a su pueblo Israel diciendo: «Si mi pueblo, que lleva mi nombre, se humilla y ora y me busca y abandona su mala conducta, yo lo escucharé desde el cielo, perdonaré su pecado y restauraré su tierra» (NVI).

La Biblia también dice en el libro de Hebreos 13:8: «Jesucristo es el mismo ayer, y hoy, y por los siglos». Esto quiere decir que su Palabra en 2 Crónicas 7:14 sigue vigente para nosotros.

Adán, en vez de arrepentirse, prefirió echarle la culpa a su mujer. Eva, teniendo la oportunidad para rectificarse y confrontar a su esposo para que se arrepintiera, decidió arremeter la culpa al enemigo. De esta manera establecieron en la tierra una cadena viciosa en la que nadie se quiere hacer responsable en una situación difícil.

Es importante resaltar que cuando Adán vio por primera vez a Eva, la admiró, la elogió y hasta la llamó «carne de mi carne y huesos de mis huesos», porque para él, Eva era el mejor regalo de Dios. Pero cuando desobedecieron, observamos a otro Adán completamente distinto. Vemos a un hombre que se olvidó todas las cosas lindas que había dicho y vivido con su pareja. Percibimos a un hombre que por un momento abandonó emocionalmente a su esposa y le arrojó la culpa de su pecado. Esto comprueba que definitivamente cuando un hombre se separa de la gloria de Dios, se descontrola, y por ende es afectado su sentido de responsabilidad hacia su vida, su cónyuge y sus hijos.

Probablemente tú eres un hombre o una mujer que en la actualidad vive con miedo al compromiso, porque no quieres hacerte responsable de cuidar y dirigir a otros. Tal vez estás teniendo muchos problemas en tu matrimonio porque ninguno de los dos quiere asumir la responsabilidad de la situación para buscar una solución, sino que viven echándose la culpa el uno al otro. Sin embargo, tu circunstancia tiene solución en Dios. Él quiere que comiences a entender que la irresponsabilidad es un falso patrón establecido por Adán y no es provechoso ni para ti ni los tuyos.

Hoy en día nuestro mundo vive serios daños porque nadie quiere hacerse responsable de los problemas sociales que enfrentamos, y vivimos arrojándonos la culpa de los mismos. Creo que nunca es tarde para rectificar lo estropeado. Es tiempo que volvamos nuestro rostro a Dios para que alcancemos misericordia y justificación. Sé que Dios puede sanarnos porque conoce a la perfección su ministerio de responsabilidad.

No te apartes

Letra y música: Daniel Calveti

Llévame al lugar donde tú estás
Yo solo quiero adorarte a ti
Que tu sangre me limpie Señor, quiero vivir íntegro a ti
No apartes tu Espíritu dentro de mí
Yo quiero habitar donde tú estás
Que tu Espíritu me guié en rectitud
Quiero hacer tu voluntad Señor

Tomado del álbum musical «En paz» ©2008

CAPÍTULO IV

UN MINISTERIO
RESPONSABLE

Dios no era culpable de la caída de la humanidad, fue la elección de un hombre y una mujer, sin embargo por encima de su tristeza decidió hacerse responsable por la creación humana a fin de restaurar su propósito original, el de ser una obra maestra que se exhibiera exclusivamente para él. Para eso envió a su Hijo Jesucristo al mundo, el cual engendró por el poder del Espíritu Santo en el vientre de una mujer virtuosa llamada María y en cuidado de su padre José, quien lo amó como a su propio hijo y le enseñó el arte de la carpintería.

Jesús, quien también lleva por nombre Emmanuel, que significa «Dios con nosotros», creció en gracia, sabiduría y poder para luego predicar el mensaje de amor y reconciliación de su Padre celestial, y concluir su plan pacificador muriendo por nuestros pecados en la cruz del Calvario. La responsabilidad de Dios va motivada por su gran amor, y el amor se demuestra cuando uno da de sí mismo.

El libro de Juan 3:16-17 dice: «Porque de tal manera amó Dios al mundo, que ha dado su Hijo Unigénito, para que todo aquel que en él cree, no se pierda, más tenga vida eterna. Porque no envió Dios a su Hijo al mundo para condenar al mundo, sino para que el mundo sea salvo por él».

El amor de Dios por ti es tan grande que dio lo que más amaba para salvarte, su propio Hijo. Y lo envió por dos razones: primero, porque era el único sin pecado capaz de justificarnos; y segundo, porque a través de su muerte y resurrección volvemos al plan original de Dios.

La humanidad para Dios es su «obra maestra creada», pero Jesús para Dios es «su obra maestra salvadora». El libro de Romanos 5:8 dice: «Mas Dios muestra su amor para con nosotros, en que siendo aun pecadores, Cristo murió por nosotros». La «obra humana» desobedeció e introdujo el pecado en el mundo, pero su «obra maestra salvadora» trajo el perdón y la reconciliación con él.

El libro de Colosenses 1:20 expresa:

«Y por medio de él reconciliar consigo todas las cosas, así las que están en la tierra como las que están en los cielos, haciendo la paz mediante la sangre de su cruz».

Nuestro Señor Jesucristo dio vida con su muerte y resurrección a la relación directa que había entre nosotros y el Padre celestial. Además rompió el control que el enemigo tenía sobre la humanidad. Así lo dice la Biblia en el libro de Colosenses 2:13:

«Y a vosotros, estando muertos en pecados y en la incircuncisión de vuestra carne, os dio vida juntamente con él, perdonándoos todos los pecados, anulando el acta de los decretos que había contra nosotros, que nos era contraria, quitándola de en medio y clavándola en la cruz, y despojando a los principados y a las potestades, los exhibió públicamente, triunfando sobre ellos en la cruz».

El sacrificio en la cruz de nuestro Señor y Salvador también produjo la sanidad de nuestras enfermedades físicas y emocionales, convirtiéndolas en una llave directa al trono de Dios, que ahora podemos usar sin ningún intermediario terrenal. Esto lo confirma Isaías 53:4-5:

«Ciertamente él cargó con nuestras enfermedades y soportó nuestros dolores, pero nosotros lo consideramos herido, golpeado por Dios, y humillado. Él fue traspasado por nuestras rebeliones, y molido por nuestras iniquidades; sobre él recayó el castigo, precio de nuestra paz, y gracias a sus heridas fuimos sanados» (NVI).

Una de las cosas que me llama la atención acerca del sacrificio de nuestro Señor Jesucristo en la cruz es que él sufrió para sanarnos. En otras palabras, él tomó un lugar de sufrimiento que nos tocaba a nosotros y lo intercambió por sanidad. Esto quiere decir que a él ya lo escupieron para que nosotros no escupamos a nadie, a él ya lo golpearon para que nosotros no golpeemos a nadie. Se burlaron de él para que nosotros no nos burlemos de nadie. Lo maltrataron para que nosotros no maltratemos a nadie. En fin, la sanidad que nuestro Señor Jesús produjo en la cruz del calvario es poderosa.

Alabemos a Dios con todas nuestras fuerzas, porque gracias a que él se hizo responsable, hoy la humanidad disfruta del hermoso camino de la reconciliación con él. Además, gracias a él disfrutamos del bello regalo de tener un Salvador, un Redentor, nuestro héroe. Me refiero a Jesucristo, a quien hoy y siempre podemos confesarlo Señor. El libro de Filipenses 2:9-11 dice:

«Por lo cual Dios también lo exaltó hasta lo sumo, y le dio un nombre que es sobre todo nombre, para que en el nombre de Jesús se doble toda rodilla de los que están en los cielos, y en la tierra y debajo de la tierra; y toda lengua confiese que Jesucristo es el Señor, para Gloria de Dios Padre».

Soy libre
Letra y música: Daniel Calveti

Aleluya al que me salvó y mi pasado borró.
Su muerte trajo mi redención y hoy puedo cantar.
Gloria a mi Dios, Gloria a mi Dios, Gloria a mi Dios.
Soy libre, me hiciste libre, me hiciste
libre, me hiciste libre, me hiciste libre.

Tomado del álbum musical «En paz» ©2008

CAPÍTULO V

LA GRAN ENCOMIENDA

Una vez más Dios hizo su parte al hacer propicio un fruto de bendición y paz para la humanidad, enviando a su Hijo a morir en la cruz. Este gesto de la cruz llenó el gran vacío que había entre nosotros y Dios, y como un puente trazó el camino para volvernos a juntar con él. No obstante, de la misma manera que la humanidad usó su libre albedrío para salir del plan inicial que Dios había trazado, así tendrá que usar este mismo privilegio una vez más para volver a entrar.

El problema es que la caída de la humanidad fue tan fuerte que hizo una ruptura muy grande entre Dios y ella, causando que el pecado se enseñoreara, y de esa manera alcanzara uno de los papeles protagónicos en las generaciones de este mundo. Este efecto produjo que muchas familias de la tierra tuvieran una visión distorsionada de Dios, tanto así que hoy en día muchas personas alrededor del mundo desconocen el regalo que Dios dio al crear la reconciliación con ellos. A algunos se les enseñó que este obsequio llamado Jesús es un profeta más o un mensajero espiritual con influencia.

El globo terráqueo tiene una población de aproximadamente 6 billones de personas, de los cuales 1.5 billones nunca han escuchado el nombre de Jesús. Definitivamente hay una gran labor que hacer, porque el deseo de Dios es que cada persona en el mundo se reconcilie con él, que vuelvan a ser su exclusiva obra maestra. Pero como dije antes, esa es una decisión que cada individuo tiene que tomar por sí mismo, y para que tomen esta decisión tienen que conocer a Dios, y para que conozcan, alguien tiene que presentárselo. Ese alguien somos tú y yo.

El libro de Romanos 10:14-15 dice:

«¿Cómo, pues, invocarán a aquel en el cual no han creído? ¿Y cómo creerán en aquel de quien no han oído? ¿Y cómo oirán sin haber quién les predique? ¿Y cómo predicarán si no fueren enviados? Como está escrito: ¡Cuán hermosos son los pies de los que anuncian la paz, de los que anuncian las buenas nuevas!».

Tú y yo tenemos una gran encomienda, debemos anunciar las buenas nuevas de nuestro Señor Jesucristo. El Señor antes de ascender a los cielos nos encomendó: «Id por todo el mundo y predicad el evangelio a toda criatura». Este hermoso mandato ensancha nuestro propósito de vida. Me refiero a que seguimos siendo una obra maestra en exhibición para su gloria, pero ahora tenemos la gran comisión de dar a conocer a nuestro Señor Jesucristo como el camino, la verdad y la vida, para que el mundo lo acepte como el único puente que los lleva a la reconciliación con el Padre celestial y por ende vuelvan a ser su obra maestra. Que vivan para exhibirse para su gloria. Tienes que entender que el único motivo por la cual Dios te va a exhibir ante mundo es para que cuando las personas te observen puedan ver la gloria de Dios reflejada en ti. Entonces tendrán el deseo y tomarán la decisión de ser parte de lo que tú estás experimentando. ¡Qué gloriosa encomienda tenemos!

Ahora entiendo por qué las obras de arte que eran exhibidas y rotadas en diferentes salones exclusivos del Museo de Louvre, estaban tan limpias, tan brillantes y excelentemente bien detalladas y decoradas. El Louvre, igual a Dios, trabaja para tenerlas perfectamente presentables porque su exhibición es una de las más vistas por todo el mundo. Ellos saben que cualquier persona, pintor o escultor que entre allí y las vea saldrá inspirado a lograr sus sueños y alcanzar la excelencia que se respira en ese lugar.

De esa visita a los salones exclusivos del Museo de Louvre surge la reflexión de que «soy una obra maestra creada por Dios y puesto en este museo llamado Mundo para ser exhibido con un propósito». Entonces surge la pregunta central de este escrito: «Señor, ¿cuándo será mi turno de ser rotado y puesto en ese salón exclusivo donde todo el mundo querrá ver lo que tú estás haciendo conmigo?».

Para contestar esta pregunta Dios me permitió leer los versículos del 1 al 16 del capítulo 20 de Mateo, los que relatan una de las parábolas que de una manera muy gráfica y explicativa nos enseña cómo funciona el plan reconciliador de Dios para con el mundo. Te invito a que demos un paseo a través de estos hermosos versículos y descubramos uno de los proyectos de exhibición que él ha preparado, titulado *La generación de la undécima hora*.

Este pasaje comienza comparando el reino de Dios con un padre de familia que salió por la mañana a contratar obreros para su viña. Por supuesto el padre de familia está representando a nuestro Señor Jesucristo, quien es el dueño de la viña. Debemos entender que ser dueño implica tener dominio o señorío sobre una persona o cosa, eso quiere decir que le pertenecemos a nuestro Señor Jesucristo. Él es nuestro dueño y nosotros su obra, la cual reconquistó pagando un gran precio con su sangre bendita. Solo los que le hemos aceptado como Señor y Salvador fuimos lavados por su sangre. Esto hace que automáticamente ya no nos pertenezcamos a nosotros mismos sino a él. Como propietario, nuestro Señor hará con la obra lo que le plazca. Su poderosa sangre vertida en la cruz le da derecho de determinar el cómo, cuándo y dónde nos usará para su gloria.

Probablemente has estado sentándote en la iglesia a la que asistes al lado de alguien introvertido y poco participativo que, por su manera de ser, pasa desapercibido en cada reunión. O tal vez te sientas cerca de algún individuo que tuvo un pasado horrible y espeluznante, y cuando lo miras con la lógica humana piensas que no tiene ningún futuro ministerial. Sin embargo, no subestimes a nadie porque esas personas tienen dueño y se llama Jesucristo, el cual se especializa en usar lo vil y lo menospreciado para avergonzar a los sabios.

Exactamente eso fue lo que sucedió en la historia de Lucas 7:36-50 con Simón, un hombre de influencia que invitó a Jesús a comer a su casa. Él sabía mucho de las Escrituras Sagradas pero su corazón estaba muy lejos de la práctica que éstas inspiran. Este fariseo presenció cómo una mujer pecadora entró a su casa e interrumpió su banquete con el Maestro para enjugar con lágrimas y perfume los pies de Jesús. Entonces Simón, indignado, subestimó a esta mujer pensando que por su condición no merecía la misericordia y el perdón de Jesús. Pero qué maravilloso es nuestro Señor, que cuando ve que pretendemos subestimar a alguien nos confronta con amor, haciéndonos preguntas que podamos contestar usando nuestra lógica humana. Porque cuando él nos ve convencidos de lo que hemos analizado y contestado, entonces aprovecha la oportunidad para regalarnos una buena lección que nos enseñe que él es el dueño de todos y de todo.

Jesús le relató a Simón una historia acerca de dos deudores que habían recibido el perdón de sus deudas de parte de su acreedor. A uno lo eximió de pagar 500 denarios y al otro de 50 denarios.

—¿Cuál de ellos le amará más? —preguntó Jesús.

—Aquel a quien perdonó más —contestó Simón.

Jesús estaba maravillado de esta respuesta porque usó esta historia de los dos deudores para explicar la actitud extraordinaria de esta mujer diciendo: «Sus muchos pecados le son perdonados, porque amó mucho; mas aquel a quien se le perdona poco, poco ama» (v. 47).

Esta mujer no exageraba con todo lo que estaba haciendo por Jesús, sencillamente ella reconocía que su pecado era mucho, y por esa razón se sentía comprometida a adorar mucho, con el fin de alcanzar el perdón y la misericordia de Jesús, y lo logró, porque nunca más volvió a ser la misma. El subestimar es una venda que nos ciega para no ver la entrega de los demás hacia Dios, porque todo aquel que es capaz de dar su vida a Jesús por encima de su pasado, instantáneamente intercambia la cantidad de su pecado por compromiso y amor a Dios.

Probablemente han juzgado tu manera tan exagerada de entregarte y te llaman fanático. No te entristezcas, no estás haciendo nada malo, todo lo contrario, estás reconociendo con tus acciones que es tanto lo que Dios te perdonó que ahora esa cantidad de pecado borrado se ha convertido en una gran cantidad de compromiso y dádivas para Dios.

Es una mentira absurda pensar que tu pasado malo determina y paraliza las bendiciones del propósito bueno y exitoso de tu futuro. Opuesto a esto, alégrate, porque si tus pecados fueron extremadamente grandes ahora Jesús, como tu dueño, tiene el poder de convertir lo desastroso en honroso y glorioso. Hoy es el tiempo en que Dios te va a usar aun más para su gloria, porque él sabe que la misma capacidad que tenías para pecar ahora él la empleará para que exhibas su amor al mundo. Porque al que mucho se le perdona, mucho ama. Jesús es tu dueño y hará contigo lo que le plazca, y para reforzar esta verdad en tu mente y corazón, aférrate a estos dos versos:

«Las cosas viejas pasaron, he aquí todas son hechas nuevas» (2 Corintios 5:17b).

«Porque yo sé los pensamientos que tengo acerca de vosotros, dice Jehová, pensamientos de paz, y no de mal, para daros el fin que esperáis» (Jeremías 29:11).

El versículo 2 del capítulo 20 del libro de Mateo relata que el dueño de la viña convino con los obreros un denario al día para que trabajaran en su obra. El convenio describe uno de los gestos de amor que Jesús tiene con nosotros. Él te ofrece paz para que tú le entregues ansiedad, te promete gozo en lugar de tristeza, te propone consuelo en vez de la angustia, te da la libertad que reemplaza la opresión. Él te obsequia fortaleza a cambio de tu debilidad, te ofrece dominio propio en vez de doble ánimo, te da su verdad para que le entregues tu confusión. Pacta contigo estabilidad emocional en vez de tormento y depresión, cambia tu enfermedad por sanidad. Te ofrece bendecir y multiplicar la obra de sus manos, reemplazando tu estancamiento económico. Te muestra el camino de su vida eterna a cambio de tu extravío, etc. El convenio de nuestro Señor Jesucristo está para favorecerte. Mi consejo es que aceptes la oferta que te está haciendo Jesús, él lo hace porque te ama y te necesita.

No tengas miedo de entregarle los sentimientos que por años te han hecho creer que son parte de tu vida. En el momento que consientas el convenio de Jesús, comenzarás a depender completamente de él sabiendo que sostiene tu vida, e instantáneamente serás enviado a ser parte de un gran ejército que está trabajando para concluir la gran obra reconciliadora de nuestro Señor Jesucristo con la humanidad.

Yo y mi casa
Letra y música: Daniel Calveti

Yo y mi casa te adoraremos, Yo y mi casa te serviremos
Yo y mi casa te cantaremos por siempre.
Porque tú eres digno y grande, porque has hecho maravillas
Tus principios son verdades y has traído alegría.
Esta casa te canta a ti, esta casa declara tú eres Santo,
Mi ofrenda es vivir por ti
Esta casa te canta a ti.

Tomado del álbum musical «En paz» ©2008

CAPÍTULO VI

CORRIENDO HACIA LA PLAZA

Dios me ha permitido viajar en varias oportunidades a Sur y Centro América. Los que me conocen saben que prefiero viajar a primera hora de la mañana porque me gusta regresar temprano a mi casa y así pasar más tiempo con mi familia. Para esto tengo que levantarme antes que raye el alba. Madrugar es difícil, especialmente cuando hemos terminado un concierto muy tarde la noche anterior y solo podemos descansar unas cuantas horas.

Sin embargo, algo que disfruto de la madrugada es el recorrido en carro del hotel donde nos hospedan hasta el aeropuerto, porque a esa hora toda la ciudad está en silencio, no hay tanta congestión de tránsito, no se oye el bullicio de la gente, muchos comercios todavía están cerrados y es el único momento de disfrutar los diseños que le ponen a sus grandes puertas mecánicas. Pero existe algo bien curioso, y es que a esa hora unas cuantas avenidas de algunos sectores de la población de estas ciudades están llenas de hombres que también madrugan y se esfuerzan por correr para llegar lo antes posible a estas avenidas con la esperanza de obtener trabajo para ese día. La mayoría de ellos están vestidos de una manera sencilla pero muy cómodos, listos para laborar en cualquier trabajo rudo o urbano que se presente para ese día, con un calzado deportivo, un pantalón de mezclilla, una camiseta y por supuesto un abrigo para cubrirse del frío mientras esperan a ser contratados. También algunos de ellos cargan con pequeñas loncheras donde llevan la comida del día que han sido preparadas por cada una de sus esposas temprano en la madrugada.

Recuerdo entonces la historia de Mateo 20 que describí en el capítulo anterior, donde se relata que el padre de familia salió a la plaza a buscar personas que estaban desocupadas para que trabajaran en su viña. Lo mismo ocurría en aquella plaza que les describo. La gente que contrataba a estos trabajadores, en su mayoría eran patrones que necesitaban ayuda en algunas construcciones en sus negocios o en sus viviendas. Es impresionante ver cuando estos patrones estacionan sus camionetas en estas avenidas. Los hombres madrugadores que están esperando a ser contratados se avalanchan corriendo desesperadamente para montarse en la parte de atrás de estos vehículos. Solo los que corran más fuerte y se abran paso entre la muchedumbre aseguran su espacio para un día de trabajo.

De estos hombres aprendemos la actitud de madrugar y correr. Si tú quieres ser exitoso y usado por Dios en este mundo no puedes ser perezoso, tienes que madrugar y correr. Los que madrugan y corren obtienen las mejores oportunidades en la vida. Además hay un secreto muy grande en buscar la presencia de Dios en la madrugada, y es que a esa hora no hay interrupciones, de manera que puedes disfrutar más su presencia.

El salmista lo entendió bien cuando dijo: «Dios, Dios mío eres tú; de madrugada te buscaré» (Salmo 63:1).

Para llegar a la plaza, lugar donde esperamos nuestro turno para ser promovidos y exhibidos para la gloria de Dios de tal manera que todo el mundo quiera ver lo que Dios está haciendo con nosotros, tenemos que correr. ¡No se puede caminar! ¡Hay que correr!

No sé cómo te levantaste hoy. No sé si despertaste pensando en el pasado, pero tengo una noticia, ¡hay una carrera delante de ti y debes correrla! Así lo declara el libro de Hebreos 12:1-3:

«Por tanto, nosotros también, teniendo en derredor nuestro tan grande nube de testigos, despojémonos de todo peso y del pecado que nos asedia, y corramos con paciencia la carrera que tenemos por delante, puestos los ojos en Jesús, el autor y consumador de la fe, el cual por el gozo puesto delante de él sufrió la cruz, menospreciando el oprobio, y se sentó a la diestra del trono de Dios. Considerad a aquel que sufrió tal contradicción de pecadores contra sí mismo, para que vuestro ánimo no se canse hasta desmayar».

El peso del cuestionamiento

Este hermoso pasaje te aconseja que para poder correr tienes que despojarte de todo peso. Acostumbro a viajar con una mochila mediana y de color negro. Allí cargo mi computador portátil, y el resto es todo tipo de aparatos electrónicos y tecnológicos que tengan que ver con música. Siempre estoy pendiente de todo lo nuevo que sale en el mercado de la música para tratar de adquirirlo. Shari de una manera jocosa me llama *Tecnotronic,* por todo lo que llevo en esa mochila. El único detalle de este equipaje es que es muy, pero muy pesado. Gracias a que sus correas son esponjosas me ayudan a que no me incomode la espalda, aunque algunas veces tengo que quitármela para descansar.

Un día, meditando en el pasaje de Hebreos 12:1-3 pensé en correr pero con mi mochila al hombro y al hacer el experimento fue todo un fracaso. No pude. Mi mochila representa el lugar donde has decidido echar todas las actitudes erróneas que has aprendido en las experiencias negativas de tu vida y que hoy en día están afectando tu carrera, debido al gran peso que causan.

Una de estas pesas que está interrumpiendo la carrera del cristiano es el *cuestionamiento* de todo. Son personas que creen en el resultado de las cosas, pero al mismo tiempo les cuesta creer en ellos mismos porque exigen tener un proceso lógico de sucesos que los lleve a dicha conclusión. Particularmente cargué con esta actitud y era desesperante, porque sentía que siempre había un eslabón que no encontraba. Esto no me dejaba correr con tranquilidad hasta un día que fui sincero con Dios y le confesé mi situación. Le pedí que me ayudara porque no quería vivir más así.

Tal vez llevas mucho tiempo batallando con esta actitud pesada y ya estás cansado. Eso es bueno porque para recibir nuevas fuerzas tienes que reconocer que el cansancio ha abrazado tu vida.

Cuando yo le pedí ayuda a Dios sentí su respuesta. En el mismo momento me hizo entender que nunca iba a encontrar el eslabón que me faltaba para entender cómo operaban sus milagros porque sencillamente él era el dueño de esa pieza, y él mismo era el responsable de colocarla en su lugar sin sentirse obligado a darme una explicación. Mi trabajo es creer y disfrutar el milagro que Dios ha hecho para mí, pero el proceso de producirlo le toca a él. Yo puedo tomar la decisión de creer y disfrutar, pero el hacer es un puente que solo Dios puede construir:

Yo creo, Dios lo hace, yo disfruto.

Por favor, en el nombre de Jesús, despójate ahora mismo de todo peso del *cuestionamiento* y sé libre para correr hacia lo que Dios ha preparado para tu vida.

El peso de la religiosidad

Otro de los pesos que ha estorbado la carrera del cristiano se llama la *religiosidad*. La religión está conformada por dogmas y reglamentos puestos por hombres los cuales nos han alejado de una relación plena con Dios. Hablo de estructuras sin fundamentos claros y correctos que los hombres han establecido, con el fin de que la gente crea que esas son las únicas maneras de agradar a Dios. Son pensamientos distorsionados que mayormente han sido extraídos de algún texto bíblico de la Palabra de Dios pero los han sacado del contexto para apoyar sus maneras cerradas e incorrectas de pensar. Estas estructuras están llenas de reglas intimidantes que causan mucho miedo, y presentan a Dios como un acusador y castigador cuando es todo lo contrario. La relación con Dios está llena de amor, misericordia y paz.

Puede ser que tu relación con Dios se haya visto afectada debido a que has pensado que estas exigencias humanas son la única forma de agradar a Dios. Al mismo tiempo te ha sido muy difícil cumplirlas, y decidiste apartarte de la iglesia a la que asistes o, al igual que otros, sigues asistiendo, pero con el corazón seco porque no conoces verdaderamente a Dios.

Yo te invito a que en el nombre de Jesús te despojes de este peso de la religiosidad que no te ha dejado correr con libertad. Dios anhela tener contigo una verdadera relación, y de igual forma que tú la tengas con él. Pídele que te dé el deseo de leer su Palabra, el único manual que nos guía a tener una verdadera relación con él, y que te dé la sabiduría para investigar y escudriñar la misma. Seguramente el Espíritu Santo te hará entender lo que estás leyendo y te presentará personas saludables espiritualmente, que con un corazón humilde e íntegro te explicarán la Palabra de Dios.

Te digo esto porque muchas personas religiosas basan su fe en lo que alguien dijo de algún pasaje de la Biblia pero por no darse a la tarea de confirmar leyéndolo y escudriñándolo, nunca sabrán si es la verdad o fue sacado de contexto. Recuerda siempre que ningún hombre puede poner en una caja a alguien tan grande y majestuoso como nuestro Dios. Él es infinito y tiene múltiples formas para demostrar su poder en la vida de una persona. También recuerda que todo lo que te aleje de Dios no proviene de él.

EL peso de las heridas del pasado

No puedo continuar sin dejar de mencionar que hay que dedicar tiempo a las *heridas del pasado*. Esta es una de las causas más grandes que ha detenido a muchos cristianos.

En varios lugares que Dios me ha permitido visitar, casi siempre he tenido que escuchar a personas que tienen heridas muy profundas porque alguien los ofendió. La mayoría de ellos llevan mucho tiempo en los caminos de Dios y algunos son líderes activos en las iglesias donde asisten. Me impresiona ver que gran parte de ellos son jóvenes que ni siquiera han llegado a sus 30 años, además son individuos muy talentosos, pero están estancados.

Las heridas más fuertes provienen de personas de las cuales teníamos una alta admiración. Gente que nunca se nos ocurrió pensar que nos lastimaría, ya que nos sentíamos refugiados por sus cuidados hacia nosotros. Creo que lo más difícil en una situación en la que alguien que amas te hiere, es la inmensa desilusión que sientes en el momento. Pero aunque parezca irónico, la desilusión es un sentimiento que en el momento de tu tristeza toma forma de encrucijada, presentándote dos caminos para seguir. Ahí es donde tienes que decirle a Dios lo mal que te sientes para que su amor, perdón, paz y cordura te abracen, y entonces te guíe a tomar el camino que te ofrece el elevamiento, la esperanza y la madurez que trae el aprendizaje de nuevas herramientas positivas para el futuro.

Tienes que entender que la desilusión no es odio, ni amargura; pero si no pides ayuda a tiempo, puede ser el trampolín que te lleve a ese otro camino tenebroso del odio y los resentimientos.

El libro de Proverbios 19:11 dice que «La cordura del hombre detiene su furor, y su honra es pasar por alto la ofensa». Probablemente me preguntarás: «¿Y qué de mí, que siento mucho odio y amargura?». Lo primero que quiero decirte con mucho amor, es que tú mismo decidiste que el odio te acompañara. Esto quiere decir que también tienes la habilidad, en el nombre de Jesús, para decidir que te abandone.

El odio es uno de los sentimientos mentirosos más grandes que te ofrece una falsa venganza que te va destruyendo emocionalmente. Tal vez esa enfermedad física que te vino repentinamente tiene su origen en el odio que sientes, y la explicación de esa amargura, depresión o ansiedad y miedo la vas a encontrar en el día que decidiste odiar. Abre los ojos y de una vez por todas date cuenta que ya no puedes cambiar el pasado, sin embargo puedes cambiar los sentimientos y actitudes malas que aprendiste de esas experiencias que te causaron heridas.

El libro de Hebreos 12:1-2 te da la llave para la libertad diciéndote «¡Despójate de ese peso, porque tienes una carrera por delante de ti que correr!». El perdón en ti, en el nombre de Jesús, es la llave que va a eximir de su falta al que te hirió; de tal manera que ya no sea parte del peso que cargas. La decisión de «despojarte» del peso del odio es la llave que está diseñada pensando solo en tu bienestar. Ella desatará tus pies para que puedas correr y alcanzar los sueños y propósitos que Dios exclusivamente ha preparado hacerte feliz.

Las experiencias hirientes tratarán de atacar tu juventud, porque saben que si te afectan paralizarán tu futuro. Recuerda siempre que tienes mucho que dar, no permitas que las heridas del pasado te detengan de correr. Salmos 127:4 dice que «somos como flechas de fuego en manos del valiente». Eres un gran potencial en las manos de Dios para bendecir al mundo.

Para correr necesitamos despojarnos del pecado que nos asedia. La palabra «asediar» significa: «Molestar o importunar sin descanso, cercar un lugar para impedir que salgan los que están en él o reciban socorro de afuera».

Muchos cristianos todavía viven detenidos porque sienten el dedo acusador del pasado sobre ellos. Los pensamientos de algunos de sus pecados anteriores los acosan constantemente haciéndolos sentir acorralados, sin ayuda y culpables. La culpabilidad implica el ser responsable por algún delito cometido. Sin embargo, Jesús tomó esa responsabilidad en su ida a la cruz del Calvario para eximirnos de toda culpa. Él creó la cruz como el lugar para que vaciemos todos nuestros pecados y luego sigamos corriendo. Olvidando lo que dejamos en ese lugar y viviendo con una conciencia libre de culpa, al haber comprobado que Jesús realmente murió en una cruz consumando el propósito de hacerte libre.

Este hecho se convierte en tu licencia para correr en libertad y para detener el asedio del pecado hacia ti. El pecado que nos asedia son faltas que ya fueron perdonadas el día que le entregaste tu vida a Jesucristo, pero que siguen acusándote, haciéndote creer que todavía están vigentes sobre ti.

Tienes que recordar que los dos factores que en algún momento pueden ser usados como instrumentos recordatorios de esos viejos pecados son «tu mente» y las «personas» que conocieron lo pasado. Sin embargo, la Biblia nos brinda herramientas para que no afecten nuestra carrera. El libro de 2 Corintios 10:5 dice: «Y llevando todo pensamiento cautivo a la obediencia de Cristo».

Cuando yo era niño, me enseñaron el famoso juego de la *Papa caliente*. Este pasatiempo tenía este nombre porque nos hacía creer que el objeto que teníamos en las manos estaba caliente. Podía ser una bola deportiva, un juguete o una papa de verdad, y por supuesto, a una temperatura fría. Este divertido juego consistía en hacer un gran círculo de personas y pasar rápidamente la *papa caliente* de mano en mano, mientras alguien con los ojos cerrados y de espalda decía en voz alta repetidamente: «¡Papa caliente! ¡Papa caliente!». El suspenso ponía a palpitar aceleradamente nuestro corazón a la expectativa del momento en que aquella persona gritara ¡papa caliente! Entonces aquel a quien sorprendieran con la papa en las manos se quedaba fuera del juego. Qué buenas y alegres memorias tengo de este entretenimiento sano. Ahora de adulto lo juego con mis hijitos y me río mucho al ver en ellos la misma emoción que yo experimentaba cuando era un niño.

Como en el juego de la *papa caliente*, Jesús quiere que hagas exactamente lo mismo con tus pensamientos de culpabilidad, que se los pases a él. Así de sencillo. Con la diferencia de que el juego concluye en él, quedándose con tu culpabilidad para siempre y de esta manera sigas tranquilo corriendo esta carrera.

Este es un ejercicio que debemos practicar todos los días, pasar el pecado del pasado que quiere asediarnos a las manos de Jesucristo. Esta actitud de obediencia a la Palabra nos hará comprender que tenemos un dueño que se hace responsable por nosotros y a su vez nos ayuda a mantener nuestros pensamientos alineados al pensamiento de Cristo.

La Biblia también presenta el apóstol Pablo, quien explica su posición en Cristo. Resulta que esta gente conoció a Pablo antes que él fuera seguidor de Jesucristo. Ellos estaban cuestionando y señalando su cambio radical de conducta debido a que les asombraba el hecho que él fuera ahora un mensajero del evangelio, cuando había sido un gran perseguidor de la Iglesia. Antes arrastraba por el suelo a los cristianos y públicamente los encarcelaba y consentía su homicidio. No obstante, Pablo tomó la actitud que tú tienes que tomar ante el señalamiento de la gente. Él reconoció que fue verdad todo lo que ellos decían en su pasada manera de vivir, pero también enfatizó en su carta a los Gálatas que esas acciones erradas pertenecían a «otro tiempo», y entonces colocó una coma de separación para anunciar «mas ahora, en este tiempo, yo he sido perdonado y limpiado por la sangre de Jesucristo y hecho mensajero de su evangelio».

No debes recordarle a la gente que te conoce desde hace varios años lo que tú eras, pero asegúrate de hacerles saber que tu vida tiene *una gran coma* entre tu pasado y tu presente. Cuéntales lo que ahora «en este tiempo», Dios ha hecho contigo. Verás que la reacción de ellos cambiará, porque se darán cuenta que tu actitud no es la de presumir que ahora eres un perfecto santurrón, sino que les demostrarás que Dios sí puede cambiar la vida de las personas. Además, hazles saber que ahora eres un pecador en recuperación, el cual todos los días está luchando por parecerse más a nuestro Señor Jesucristo.

En el nombre de Jesús, despójate ahora mismo de todo peso del pecado que te asedia y corre, corre en plena libertad la carrera que tienes por delante. Para conocer esta carrera en Cristo tienes que hacerte tres preguntas claves: ¿Por qué corro? ¿Con qué corro? ¿Qué ejemplos de vida me impulsan a correr?

¿Por qué corro?

«Puestos lo ojos en Jesús…» (Hebreos 12:2ª).

Cada vez que uno compite en una carrera debe tener una gran motivación que lo impulse a correr, si no la hay, en vano se esfuerza. Por eso existen los trofeos, para darle al corredor sentido a su carrera. Nuestro mayor trofeo se llama Jesucristo. Él está al fin de la meta con sus brazos abiertos esperándonos.

La respuesta a esta pregunta es sencilla pero hay que decirla con mucha convicción: «Yo corro, porque tengo los ojos puestos en Jesús». No es en cualquier persona que has puestos tus ojos, se trata de nuestro Señor Jesucristo, quien se ganó nuestro respeto y admiración al despojarse de toda su gloria para venir a este mundo y hacerse hombre, y luego morir en la cruz del Calvario por nosotros.

En la universidad escuché a profesores ateos enseñarme que Jesús es el único que posee la «mente por excelencia» en todo el mundo. Pablo, un hombre tan estudiado y preparado académicamente dijo: «No me avergüenzo del evangelio, porque es poder de Dios». Él sabía en quién había puestos sus ojos. Tienes que estar más que convencido de por qué razón corres de esta manera. Entonces, nada ni nadie te moverá de lo que crees.

A continuación te presentaré una lista de cinco razones por las cuales corremos esta carrera. Mi oración es que las puedas repetir con seguridad en tu corazón.

- «Yo corro porque tengo los ojos puestos en Jesús, quién es mi Salvador, porque murió en una cruz por mis pecados y es el único que ha resucitado para darme la libertad y vida eterna».
- «Yo corro porque tengo los ojos puestos en Jesús, quién sana mis dolencias».
- «Yo corro porque tengo los ojos puestos en Jesús, quién me liberta de mis temores».
- «Yo corro porque tengo los ojos puestos en Jesús, quién me ha llenado del poder del Espíritu Santo, me consuela y me guía».
- «Yo corro porque tengo los ojos en Jesús, quién es mi amor y mi paz».

Finalmente, corremos para asegurar nuestra estadía en el cielo eternamente. Porque no importa tanto cómo comencemos esta carrera sino cómo la terminemos. Ni nuestros logros, ni nuestros talentos, ni nuestro conocimiento, asegurarán nuestra entrada al cielo, sino nuestra integridad, obediencia y fidelidad a Dios.

¿Con qué corro?
«Corramos con paciencia…» (Hebreos 12:1c).

El libro de Hebreos 12:1 dice que corramos con *paciencia*. La paciencia es la ciencia de esperar. Sé que a muchos de nosotros no nos gusta esperar, pero hay que hacerlo. De hecho, la vida cotidiana está llena de esperas; por ejemplo, tienes que esperar que se agilice el tráfico de vehículos para poder llegar a tu casa luego de un largo día de trabajo. También tienes que esperar en una fila de personas para que te atiendan en el correo postal, en el supermercado, en la oficina del doctor, etc. Hemos aprendido a esperar todas estas cosas porque nos interesa el fin que tienen.

De igual forma, nuestra espera cobra mucho valor cuando sabemos que algo bueno nos espera en el futuro. La ciencia de esperar nos ayuda a disfrutar el proceso y la travesía del milagro que tanto estamos esperando. La carrera en Cristo no es de 100 metros llanos, que por su corta duración solo te permite disfrutar una etapa y una sensación. Todo lo contrario, es una carrera de resistencia que está llena de muchas etapas alegres y desafiantes. Siempre me ha gustado mirar estas carreras de resistencia, porque los corredores comienzan despacio y con paciencia, con el fin de dejar su mejor esfuerzo para el final. Durante la competencia puedes llevarte, sorpresas porque los que iban detrás quizás con el tiempo de la carrera pasen al frente. También llega un momento donde los observas cansados, pero ellos no se detienen de correr así estén débiles y empapados en sudor. Por fin lo más emocionante es verlos llegar a la meta y con sus caras bañadas en lágrimas gritan: «¡Lo logré, resistí y pude llegar!».

Por favor, no corras afanado ni angustiado. Corre con paciencia, corre un día a la vez, Dios está contigo. Él no te va a dejar, y aunque en medio de la carrera estés débil y creas que no puedes seguir, no dejes de correr. Porque de la misma manera que en una carrera de resistencia hay mesas de agua para que los corredores se refresquen, así Dios pondrá oasis de agua a lo largo de tu carrera para que renueves tus fuerzas.

Probablemente tu vida se ha secado porque no has visto resultados rápidos en ti, en tu familia o en tus proyectos. Toma agua, sáciate de sus promesas y sigue corriendo con paciencia. Tu espera producirá fundamentos que sostengan el disfrute de tu milagro.

La ciencia de esperar es como los hijos. Uno como padre desea que crezcan rápido para verlos ya maduros, saludables y bien desarrollados en todas las áreas de su vida. Pero la verdad es que si hoy nacieran, mañana crecieran y pasado mañana se casaran, perderíamos las vivencias y emociones de etapas lindas como la niñez, adolescencia y juventud. Vale la pena el esfuerzo de correr con paciencia, paso a paso. Corre y disfruta un día a la vez. Si has llegado hasta aquí no hay vuelta hacia atrás, tal vez te has salido de la carrera, pero todavía puedes volver.

La Biblia dice en el libro de Proverbios 24:16: «Porque siete veces podrá caer el justo, pero otras tantas se levantará» (NVI). No es tarde si has salido de la carrera, vuelve y sigue corriendo. Tu constancia y paciencia al correr servirá como ejemplo a aquellos seres queridos para que te acompañen algún día a correr, aunque ahora mismo no estén en la carrera contigo. No te detengas ni te afanes por nadie ni por nada. Corre, corre con paciencia.

El libro de Mateo 6:25-34b dice:

«Por tanto os digo: No os afanéis por vuestra vida, qué habéis de comer o qué habéis de beber; ni por vuestro cuerpo, qué habéis de vestir. ¿No es la vida más que el alimento, y el cuerpo más que el vestido? Mirad las aves del cielo, que no siembran, ni siegan, ni recogen en graneros; y vuestro Padre celestial las alimenta. ¿No valéis vosotros mucho más que ellas? ¿Y quién de vosotros podrá, por mucho que se afane, añadir a su estatura un codo? Y por el vestido, ¿por qué os afanáis? Considerad los lirios del campo, cómo crecen: no trabajan ni hilan; pero os digo, que ni aun Salomón con toda su gloria se vistió así como uno de ellos. Y si la hierba del campo que hoy es, y mañana se echa en el horno, Dios la viste así, ¿no hará mucho más a vosotros, hombres de poca fe? No os afanéis, pues, diciendo: ¿Qué comeremos, o qué beberemos, o qué vestiremos? Porque los gentiles buscan todas estas cosas; pero vuestro Padre celestial sabe que tenéis necesidad de todas estas cosas. Mas buscad primeramente el reino de Dios y su justicia, y todas estas cosas os serán añadidas. Así que, no os afanéis por el día de mañana, porque el día de mañana traerá su afán».

¿Qué ejemplo de vidas me impulsan a correr?

«... Teniendo en derredor nuestro tan grande nube de testigos» (Hebreos 12:1b).

Una persona escucha con mucha atención a alguien que ha pasado por sus mismas experiencias y ha salido triunfante de las mismas. Dentro de sí dirá: «Si él pudo, yo también puedo».

Para correr esta carrera necesitas ejemplos de vidas que te animen a correr. Una de las cosas que me impulsan a dar lo mejor de mí en un concierto, es ver la carita de Shari, de los niños y de mis padres porque sé que me aman, que son personas íntegras a Dios. Cada vez que los veo, sus rostros reflejan el gozo de Dios. Ellos son mis porristas, al igual que tu familia deben serlo para ti.

Sin embargo, el capítulo 12:1 del libro de Hebreos habla de que tenemos en derredor nuestro *una grande nube de testigos,* refiriéndose a hombres y mujeres de Dios que vivieron en este mundo hace mucho tiempo, pero hoy en día están morando con Dios. Sin embargo, en el capítulo 11 del mismo libro de Hebreos los presenta como un gran ejemplo de fe a seguir. Ellos componen una gran tribuna que desde los cielos nos está animando a seguir corriendo.

Hebreos solo menciona algunos de ellos porque la lista de ejemplos de fe es demasiado larga. Gloria a Dios por estas personas que nos inspiran como ejemplo para que sepamos que sí se puede llegar victorioso a los brazos de Dios.

Oro a Dios que abra nuestros oídos espirituales para que podamos escuchar el aliento de esta gran tribuna. Creo que Daniel te grita: «¡Sigue corriendo, él te librará de los leones furiosos!» Pablo alienta: «¡Sigue corriendo! ¡Todo lo puedes en Cristo que te fortalece!». Jacob te anima diciéndote: «¡Sigue corriendo! Él cambió mi identidad de usurpador y me bendijo como su pueblo escogido» Moisés anima: «¡Sigue corriendo! Él abrirá el mar en dos para ti». Ester te grita: ¡Sigue corriendo! Dios te da las estrategias y sabiduría para abogar por los tuyos». En fin, no estás solo. Hay hombres y mujeres de fe que desde las tribunas celestiales están gritando: «¡No te detengas!».

Para llegar a la plaza y ser ocupado por el padre de familia debes correr teniendo los ojos puestos en Jesús, con paciencia y sabiendo que en el cielo hay una gran tribuna llena de hombres y mujeres de fe animándote.

CAPÍTULO VII

PRINCIPIOS PARA PERMANECER EN LA PLAZA

De acuerdo al texto que leímos en los capítulos anteriores, Mateo 20 dice que el padre de familia salió a «la plaza» a contratar obreros para su viña. La plaza representa la dimensión espiritual en que te encuentras ahora mismo. Tal vez acabas de comenzar en los caminos de Dios, o quizás tienes unos cuantos años de ser cristiano y probablemente ya perdiste la cuenta de cuánto tiempo llevas en el evangelio. Como quiera que sea, todo ese tiempo representa escalones que están llenos de experiencias buenas, desafiantes y victoriosas que te han formado hasta hoy. Precisamente eso representa la plaza, ese lugar de preparación y expectativa de lo que Dios hará contigo. También la plaza es el lugar donde Dios te da las directrices de lo que harás en el momento que él decida exhibirte al mundo para su gloria.

También dice la Palabra de Dios que el padre de familia salió cinco veces a la plaza a contratar obreros para su viña. La primera vez fue temprano en la mañana, que se estima entre las seis y las siete de la mañana. La segunda vez fue a la tercera hora del día, que son las nueve de la mañana. La tercera visita fue a la hora sexta del día, que son las doce del mediodía. La cuarta ida fue a la hora novena, que son las tres de la tarde, y la última visita fue a la «undécima hora» que son las cinco de la tarde.

El número cinco en la simbología hebrea representa la palabra *algunos,* y esto concuerda muy bien con el grupo de la undécima hora, porque creo que está compuesto de *algunos* esperanzados que se quedaron en la plaza esperando que algo sucediera en un momento tan crítico, ya que faltaba *una hora* para que terminara la jornada de trabajo. Es ilógico que alguien te contrate faltando *una hora* para que se acabe un día de labor, mas en páginas anteriores mencioné a nuestro Señor Jesucristo como dueño de la obra, y él tiene el poder de hacer lo que le plazca, así falte solo una hora.

El grupo de la undécima hora representa una generación. La palabra generación significa: «Conjunto de personas que viven en la misma época» y la definición de la palabra época es: «Periodo de tiempo que se señala por los hechos ocurridos en él o por las personas que participan en ellos». No hay una edad específica para ser parte de la generación de la undécima hora. Simplemente está compuesta de personas que son sensibles a los tiempos en que viven y se hacen responsables decidiendo participar con hechos radicales que marquen positivamente el mundo en que habitan. La generación de la undécima hora es admirada por su capacidad de esperar, de actuar y de su confianza en Dios.

Personalmente me sorprende la actitud de los de la undécima hora, porque me imagino que vieron cuando contrataron a los de las seis de la mañana y emocionados pensaron que los próximos serían ellos. Luego observaron que se llevaron a los de las nueve de la mañana, mas continuaron con su buen ánimo imaginando que los siguientes candidatos eran ellos. Pero después de esperar tres horas más, con caras un poco tristes miraron irse a los de las doce del mediodía. Me imagino que esta hora fue difícil para ellos, porque es cuando el sol está más fuerte que nunca, ya tienen hambre y sienten la desilusión que ya han perdido toda la mañana sin trabajar. Sin embargo, vuelven a tomar esperanza con el pensamiento de que aun queda toda la tarde y hay muchos patrones que debido a sus trasnoches, aprovechan la mañana para descansar, y luego continuar sus labores en la tarde. Creo que por espacio de tres largas horas caminan la plaza, de un lado a otro más listos que nunca para el momento en que los contraten.

Por fin, a las tres de la tarde se ve un camión estacionado en un ángulo que tapa la visibilidad de la plaza, este vehículo se llena de obreros que han sido contratados, y al irse se ve la plaza ya casi vacía, pero ellos aun siguen allí, sí, los de la undécima hora. Esta vez están cabizbajos, ya no caminan de un lado a otro, algunos se sentaron en el piso y escondieron su rostro dentro de sus rodillas. Otros están de pie, recostados en los postes de luz de la plaza, mirando a lo lejos pensativamente. A varios de ellos por encima de su seriedad se les escapan un par de lágrimas que son muestra de tristeza y preocupación, porque si no trabajan no podrán llevar provisión para su casa.

En esos sentimientos de incertidumbre pasan casi dos horas eternas, hasta que por fin el tiempo se reduce a unos pocos minutos para que lleguen las cinco de la tarde. Es en este corto lapso de tiempo surge la pregunta en su mente: «¿Será que nos pueden contratar faltando una sola hora para que se termine el día de trabajo?».

La generación de la undécima hora nos representa a muchos de nosotros, y al mismo tiempo nos invita a ser parte de ella, porque a pesar de todo lo que están atravesando *no se mueven de la plaza* sino que tienen la esperanza de que algo va a suceder, así falte solo una hora.

No conozco la situación que estás atravesando ahora mismo, ni tampoco tengo idea de cómo te sientes, pero este mensaje es para ti: «¡No te muevas de la plaza! ¡Continúa esperando!». La Biblia dice en el Salmo 40:1: «Pacientemente esperé a Jehová, y se inclinó a mí, y oyó mi clamor».

Si estás en la plaza es porque hay una razón, solamente ¡no te muevas de allí! ¡Espera y verás!

Si para llegar a la plaza tuviste que correr con paciencia, ahora para mantenerte en la plaza tendrás que usar el *dominio propio,* el cual es un regalo de Dios para nosotros. Así lo expresa 2 Timoteo 1:7: «Porque no nos ha dado Dios espíritu de cobardía, sino de poder, de amor y de dominio propio».

Dos de las definiciones de *dominio propio* son: «Facultad que uno tiene de usar y disponer de lo suyo» y «Conocimiento profundo de alguna materia, ciencia, técnica o arte». Sabiendo estas descripciones del significado de dominio propio, tienes que entender que necesitas disponer de todo el conocimiento de los principios bíblicos y de vida que posees. De esa manera te sostendrás en la plaza hasta que sea tu turno. Entonces Dios te exhibirá al mundo para gloria de su nombre, y aun después de ser exhibido sabrás que esos mismos principios son fundamentos que rigen el pensamiento o la conducta de una persona, y los encontramos en la Biblia y en la trayectoria de la vida. Los mismos son enseñados por nuestros padres o alguna figura de autoridad como abuelos, maestros, pastores, líderes, etc.

La plaza está llena de circunstancias alegres y desafiantes. Dios las permitirá para que nuestro corazón sea probado en nuestro propio beneficio, y así darnos cuenta en qué principios estamos parados. La Biblia dice: «Porque donde está vuestro tesoro, allí estará también vuestro corazón» (Lucas 12:34). Independientemente de lo que estás pasando, tienes que examinarte y observar si estás operando bajo principios bíblicos y de vida.

A continuación te compartiré algunos de ellos:

Principio de prioridad

Tienes que hacerte esta pregunta: «¿Quién o qué ocupa el primer lugar en mi vida?». Puede ser que el trajín de la vida cotidiana nos esté absorbiendo tanto que por un momento olvidemos que Dios ocupa el primer lugar en nuestra vida. De la misma manera que vemos nuestro anillo de matrimonio y nos recuerda que estomas casados, también deberíamos de tener algo que cada vez que lo veamos nos recuerde que Dios ocupa el primer lugar de nuestra vida, por encima de cualquier razón. Sé que esto parecerá jocoso pero realmente no lo es.

Recuerdo un día que me regalaron un brazalete que tenía las iniciales W.W.J.D. Sé que esta pulsera era popular porque la veía mucho entre la gente, pero yo no sabía su significado, hasta que me la obsequiaron y pregunté el significado de estas siglas. Entonces me explicaron que cada vez que yo estuviese en una situación difícil o de victoria mirara las siglas de esa pulsera y actuara conforme a su significado. El mensaje estaba en inglés: *What Would Jesús Do*, que traducido al español es: *Qué haría Jesús en mi lugar*.

Mi experiencia usando este brazalete fue positiva porque me sirvió de mucha ayuda, al igual que mi anillo de matrimonio. Dios tiene que ocupar siempre el primer lugar, porque todo lo que tenemos es gracias a él, por ejemplo la salud, las fuerzas para trabajar, nuestra familia, la sabiduría para dirigir nuestros proyectos, etc. Cuando le damos el primer lugar a Dios experimentamos su multiforma de esperar milagros para nosotros y los que amamos.

El libro de 1 Reyes 17 relata la historia del profeta Elías que visitó la casa de una viuda que vivía en un lugar llamado Sarepta. Esta mujer y su hijo se encontraban en su peor momento, porque había escasez de alimentos en la región donde ellos vivían. Solamente tenían un puñado de harina en una tinaja y un poco de aceite para hacer comida, y luego echarse a morir. En medio de su aflicción, Elías le dijo: «Hazme de comer a mí primero». Parece absurdo lo que el profeta le pide, y en el momento tan crítico en que lo hace. Sin embargo, esta mujer creyó e hizo conforme a lo que él pidió, porque creyó en la promesa de Dios que la harina no escasearía y el aceite no disminuiría.

Quizás estés atravesando un momento de necesidad, pero Dios te dice «dame a mí primero de tu tiempo, tu fidelidad, tus recursos y tu obediencia». El tener a Dios en primer lugar te hace mantenerte en la plaza, porque sabes que si él no te llega a usar, tu vida no tendrá sentido. Después de Dios lo más importante es nuestra familia.

La generación de la undécima hora no se mueve de la plaza porque se niega a regresar a sus casas con las manos vacías, tiene que regresar con provisión. Los hijos no piden que sus padres sean millonarios, pero sí que les provean de una manera excelente lo necesario para vivir.

Si tu trabajo y proyectos personales visten y están mejor nutridos que tu familia tienes un gran problema, porque tu familia no está siendo tu prioridad. Posiblemente ellos admiran tus logros porque están ligados emocionalmente contigo y te aman, pero en lo más profundo ellos desean verse tan bien como lucen tus proyectos.

La generación de la undécima hora no se mueve de la plaza porque rehúsa retornar a sus hogares sin enseñanzas. Tienes que saber que la dimensión espiritual en que te encuentras ahora mismo te está capacitando con vivencias, que no solamente sirven para formarte a ti, sino que en tu boca se convertirán en herramientas que le darás a tu familia para que ellos también tengan éxito en la vida. Lograr esto implica que debes tener el hábito de comunicarte todos los días con los tuyos. Ellos son tu prioridad por encima de cualquier reunión de trabajo o reunión con los amigos, por sobre cualquier programa de televisión, etc. Cada minuto que le dedicas a tu familia cuenta como una enseñanza que formará su carácter como cristiano y como una persona ejemplar en la sociedad.

Shari y yo disfrutamos mucho conversar con nuestros hijitos, y aunque todavía son pequeños ya tienen conocimiento de muchas cosas y requieren que nosotros, con mucho amor, los escuchemos y seamos los catalizadores de todo lo que están comenzando a saber de este mundo.

En una ocasión nuestro hijo Isaac, de cinco años, estaba en su mesa pintando un dibujo, cuando me vio que pasé por su lado, me dijo: «Papi, pinta conmigo». No me detuve a pensar mi respuesta y en mi afán le dije: «Sí, campeón. Voy a pintar contigo un ratito y luego seguiré con un proyecto que tengo que terminar». Mi corazón se conmovió con un tierno comentario que hizo diciendo: «Papi, yo sé que tus proyectos son para los adultos y por eso son más importantes que los míos». Yo suspiré, lo abracé y me lo comí a besos. Entonces le dije: «Mi amor, no hay ni habrá ningún proyecto más importante que tú. Tú eres lo más importante». Me olvidé de mis proyectos y me senté en una sillita pequeña a su lado y comenzamos a colorear su librito de caricaturas. Nunca es tarde para que por un momento se te olvide que eres grande y entonces te sientes en una silla de niños y te pongas a su nivel, de tal manera que ellos sientan tu accesibilidad para escucharlos.

La generación de la undécima hora no querrá regresar a casa sin victorias. Tienes que aprender a conquistar victorias para tu familia. El hecho que te quedes en la plaza esperando ya es una victoria para ellos, porque les estás dando el legado de que se puede amar y ser fiel a Dios. Además de abrirles brechas, brindarles herencias emocionales y materiales, y entregarles la mejor victoria: que te vean siendo usado por Dios. Personalmente me gusta que mi esposa y mis hijos me acompañen a los conciertos donde canto y ministro, porque al oír a quién le estoy cantando se dan cuenta que la mayor victoria que les puedo dar es que le sirvan a Dios.

Principio de obediencia

Un día, nuestro hijo Isaac llegó de la escuela muy contento por una enseñanza que la maestra le había dado. Él dijo: «Papá y mamá, la maestra me dijo que la obediencia trae bendición».

Nosotros riéndonos aprendimos también esta gran lección, sabiendo que era una herramienta más que enriquecería la crianza de nuestros hijos. ¡La obediencia trae bendición! Claro, es muy cierto, porque Dios la creó como un sistema para bendecirnos y también como un método de prevención a lo malo.

El capítulo 22:1-3 del libro de Génesis dice que Abraham obedeció a Dios e hizo exactamente lo que él le pidió sin cuestionar:

«Probó Dios a Abraham, y le dijo: Abraham. Y él respondió: Heme aquí. Y dijo: Toma ahora tu hijo, tu único, Isaac, a quien amas, y vete a tierra de Moriah, y ofrécelo allí en holocausto sobre uno de los montes que yo te diré. Y Abraham se levantó muy de mañana, y enalbardó su asno, y tomó consigo dos siervos suyos, y a Isaac su hijo; y cortó leña para el holocausto, y se levantó, y fue al lugar que Dios le dijo».

Según lo que aprendemos del gran ejemplo de Abraham es que la obediencia consiste de tres acciones:

1. Hacer silencio para escuchar
2. Decir que sí, sin cuestionar
3. Ir, sin protestar.

Imagine por un momento a la generación de la undécima hora en el instante de ser contratados, cuestionándole al patrón el por qué los venía a buscar tan tarde y acerca de cómo sería su paga ahora que tendrían que trabajar poco tiempo. Creo que definitivamente no hubieran tenido éxito. Dios desea que le obedezcas aunque no entiendas por qué estás todavía esperando en la plaza. Por favor, no hables tanto, guarda silencio y escucha su voz. No cuestiones el por qué has esperado tanto en la plaza, él tiene el control de tu vida. Por último, ve a lo que él te asigne que hagas y hazlo sin protestar. Recuerda, la obediencia es un principio que nos han enseñado desde temprana edad porque es la llave que abre las puertas de bendición para nosotros.

Principio de provisión

Cuando Abraham iba de camino a ofrecer en holocausto a su hijo Isaac, tenía instrucciones exactas del lugar donde sería: «Vete a la tierra de Moriah, y ofrécelo allí en holocausto sobre uno de los montes que yo te diré» (Génesis 22:2).

Abraham no inventó un monte para el holocausto porque él sabía que Dios ya había escogido su monte de provisión. La Biblia dice que Abraham no llegó a sacrificar a su hijo, ya que Dios solo lo hizo para probar su corazón, pero sí sacrificaron un carnero que estaba trabado en un zarzal en el mismo monte que Dios les había provisto. De la misma manera que Dios hizo un monte de provisión para Abraham, también lo ha hecho para ti.

La Biblia dice en el Salmo 37:25: «No he visto justo desamparado, ni su descendencia que mendigue pan». Tal vez no tienes idea a qué universidad irán tus hijos a estudiar, pero de seguro Dios hará provisión y les indicará el camino al lugar donde estudiarán su profesión. La pregunta que debes hacerte es: ¿Cómo sé que el lugar donde estoy es mi monte? La respuesta es: «Porque estoy recibiendo provisión a mi necesidad». Como todo, quizás la iglesia a la que asistes no es perfecta, o en tu trabajo hay un compañero de labor que te está afligiendo, aun así te quedas allí porque reconoces que en esos lugares tus necesidades son saciadas.

He conocido a empresarios con compañías muy grandes y exitosas, que por su posición de influencia y autoridad pensarías que asisten a una macro iglesia, con unas facilidades excepcionales y un lenguaje diplomático, diseñadas así para personas como ellos. Sin embargo, se congregan en iglesias con unas estructuras pequeñas, con facilidades limitadas y lenguaje sencillo. Pero no me cabe la menor duda al ver sus caras y actitudes, que son felices en el lugar donde se congregan. Definitivamente han descubierto que allí sus necesidades espirituales y emocionales son saciadas, y además reciben herramientas para multiplicar la obra de sus manos.

Es importante que identifiques tu monte de provisión. Por favor, no asistas a una iglesia por sus apariencias o por la gente que allí concurre, ni por cómo predica el pastor. Ve porque has identificado que en ese lugar tus necesidades son satisfechas.

Tampoco te mudes de iglesia buscando la congregación perfecta, porque no la hay. Enfócate en la nutrición que estás recibiendo y que a su vez te hace crecer. La generación de la undécima hora no se mueve de la plaza porque sabe que es su lugar de provisión, no les importa que casi falte una hora para que se acabe la jornada de trabajo. Ellos están seguros que permaneciendo allí es imposible que no reciban provisión de Dios.

Cuando identifiques tu monte de provisión, entonces te será fácil desarrollar los dos siguientes principios.

Principio de pertenencia

La palabra pertenencia tiene dos significados: «Cosa que pertenece a alguien determinado o integración en un conjunto, grupo o asociación». Recuerdo en una ocasión que me dieron muchas ganas de jugar tenis. Tomé unas cuantas clases para aprender a jugar y me compré una buena raqueta y equipos que requiere este deporte. Jugaba casi todos los días. Padecía de una necesidad intensa por jugar tenis. Pero al pasar algunas semanas fue disminuyendo la emoción y el interés, hasta que dejé de jugar.

Más o menos así funciona el sentido de pertenencia. Es un tiempo en que te gusta algo y participas de eso, pero con el paso de los días pierdes el interés y entonces dejas de hacerlo. Quieres ser parte de un grupo determinado pero sin evaluar sus consecuencias positivas o negativas para ti. Este principio es bueno, pero si no se maneja con balance puede crear inestabilidad en una persona. El desbalance de este principio sucede cuando la persona comienza algo y no lo termina. Pareciera que hacemos algo porque nos llamó la atención y nos gustó, pero nunca determinamos para qué necesitamos ese algo y cuál va a ser nuestro propósito de estar allí. Si no planificamos nuestros pasos entonces le damos cabida a la inestabilidad y la dejadez.

A la generación de la undécima hora les gustó la plaza, porque cuando llegaron en la mañanita vieron tantas personas igual que ellos y solo se respiraba esperanza de trabajo. Pero al pasar las horas y ver que solamente quedaban ellos en la plaza, no creo que sentirían gusto de estar allí. Es aquí cuando hay que dar un próximo paso. Lamentablemente en Latinoamérica hay muchos cristianos que están mudándose de iglesia constantemente porque viven con la ilusión de sentir siempre esa sensación buena que tuvieron cuando llegaron por primera vez. Por esta razón nunca maduran espiritualmente, ya que no tienen raíces profundas. Si has identificado tu lugar de provisión y te gusta, entonces debes aplicar el principio de permanencia.

Principio de permanencia

La palabra «Permanencia» significa: «Duración firme, perseverancia, estabilidad, inmutabilidad. Estancia en un lugar o sitio». El principio de permanencia te permitirá tomar la decisión de habitar para siempre en un solo lugar. Esta decisión es sabia y saludable para ti y los tuyos, porque crecerán de acuerdo a los fundamentos que han establecido con el tiempo. La permanencia te hace entender que ningún lugar es perfecto, y aun en el momento en que te des cuenta de sus defectos no van a mover tu fe ni tu residencia allí, porque sabes que ese es tu lugar de provisión. La permanencia le enseñará a tus hijos a ser personas estables y a que ninguna adversidad los mueva.

Soy fanático de comprar herramientas para reparar alguna cosa que se dañe o haya que ajustar en casa. En especial me gusta coleccionar destornilladores, no se imaginan cuántos de ellos he usado, pero ninguno me gustaba hasta que un día, en una plaza del mercado de pueblo, encontré uno que tenía muchas funciones en uno. Así que lo compré. Ya lleva mucho tiempo viviendo en una gaveta de nuestra cocina cerca de nuestro alcance. Desde entonces no hay ninguna reparación donde no lo use, hasta sirve como martillo. Créanme, ¡es un destornillador excepcional! Ahora, oficialmente puedo decir que este destornillador me pertenece y que he decidido que permanezca conmigo, a diferencia de los otros destornilladores, que aunque me gustaron no son lo que yo necesito.

Haz el ejercicio de hacer una lista de todas las cosas que te pertenecen y a las que perteneces, y reflexiona qué realmente necesitas y en dónde verdaderamente estás creciendo. Entonces aplica el principio de permanencia. «¡No te muevas de la plaza!»

CAPÍTULO VIII

¡NO TE MUEVAS DE LA PLAZA!

Para llegar a la plaza hay que correr, y para mantenerte firme allí debes tener dominio propio para saber usar los principios bíblicos y de vida que posees. Sin embargo, hay tres detalles que ocurren con la generación de la undécima hora mientras esperan en la plaza, y tienes que estar al tanto.

1. Ideas extrañas

Debido a los múltiples cruces de pensamientos buenos y malos, la mente se cataloga como el campo de batalla más grande que tenemos. La generación de la undécima hora comprobó esta verdad. Como dije anteriormente, esta generación vio cómo contrataron los grupos de las horas anteriores y por fin, cuando ya se encontraban solos en la plaza, sus mentes comenzaron a ser bombardeadas con pensamientos de inferioridad que afectaban su autoestima. Ideas tales como: «Ellos son mejores que tú. Ellos son más favoritos para el padre de familia que tú. ¡No sirves! ¡No te ves tan talentoso como los otros!».

Autoestima es la consideración, aprecio o valoración de uno mismo. Todos en algún momento de nuestra vida pasamos por la experiencia de tener baja nuestra autoestima, y esa es la peor sensación, porque alguien que no se valora a sí mismo vivirá paralizado toda la vida. Lo que pensamos de nosotros mismos se ve afectado cuando permitimos que los pensamientos de inferioridad creen un panorama en nuestra mente de algo que no hemos comprobado si es cierto.

Durante un tiempo padecí de baja autoestima. Pensaba que otros eran mejores que yo. Algunas de las canciones que Dios me había dado vivían engavetadas gracias al bajo concepto que tenía de mí mismo. En ese momento no entendía de dónde provenía esta baja autoestima, ya que nací y crecí en una familia cristiana, con valores y sobre todo llena de amor. Claro, por supuesto, que hoy en día después de ver todo lo que estoy haciendo para la gloria de Dios, entiendo que esos pensamientos negativos que en aquel entonces afectaron mi autoestima solo tenían el propósito de encerrarme dentro de mí para que yo no realizara lo que hoy en día hago. Sin embargo me quedé en la plaza confiando que algún día esas canciones iban a ser desempolvadas para bendecir a muchos.

No te muevas de la plaza. Si estás allí es por alguna razón a pesar de tu baja autoestima, sigue creyendo que aunque otros no te miren, él sí te está viendo, que aunque otros no te oigan, él sí te escucha. Lo que admiro de los de la undécima hora es que a pesar de que tuvieron todo un día para que los pensamientos de inferioridad los destruyeran, aun así, ellos permanecieron en la plaza. ¡Prepárate! Tu tiempo de promoción se acerca.

Una de las canciones que más me gusta es *La niña de tus ojos*, porque aunque es una frase cultural, salió primero de la boca de Dios. La gente me pregunta por qué me emociona tanto cantarla, es porque refleja lo que él hizo por mí cuando yo estaba sumergido en mi baja autoestima. Esta canción está basada en el libro de Deuteronomio 32:10:

«Le halló en tierra de desierto y en yermo de horrible soledad, lo trajo alrededor, lo instruyó, lo guardó como a la niña de sus ojos».

Este mensaje bíblico es para ti ahora mismo. Porque en tu baja autoestima que representa lo solitario del desierto, estas palabras te quitan los pensamientos de soledad. En este momento te abraza, para que entiendas que te ama. Te da el deseo para que leas su palabra y sepas lo que significas para él, y termina diciéndote que no importa dónde habías estado o cómo te sientas, él siempre te ha guardado como la niña de sus ojos. Te compara con la parte del ojo más delicada que se llama *la niña* y te explica que de la misma manera que él ha puesto los párpados para cuidar la niña de tus ojos, así está su protección sobre ti. Por favor, no te muevas de la plaza.

2. La gente que se burla

Imagínate a la gente que pasaba por la plaza a eso de las cuatro y media de la tarde y veía a los de undécima hora todavía esperando a ser contratados. Seguramente murmurarían hasta burlarse de ellos, porque les parecería absurdo que alguien los fuera a contratar faltando tan poco tiempo para que finalice el día de trabajo.

Noé sabía perfectamente lo que significaba ser burlado, porque por orden de Dios tuvo que construir un gran arca para salvar a la población humana y a los animales de un diluvio que venía sobre la tierra. El problema no fue construir el arca, sino anunciarle a la gente lo que iba a ocurrir. Cuando la gente escuchó el mensaje de Noé se burlaban hasta ofenderlo, llamándolo loco.

Una cosa es que se burlen de ti murmurando a tus espaldas, pero otra muy diferente es que se mofen frente a ti, en voz alta, y ofendiéndote. Si al igual que Noé te han ofendido y te han dicho loco por esperar algún milagro de Dios, no te irrites, no vale la pena. Recuerda que el propósito de Dios se va a cumplir en ti. Además, aquel que te rechaza te hace un favor, porque activa la última palabra de Dios sobre tu vida. Recuerda que su palabra está por encima de la opinión humana, y cuando el hombre quiere subestimarte y dictar el rumbo de tu vida, allí se levanta Dios, saca la cara por ti y les demuestra a todos que es tu dueño.

No te muevas de la plaza, aunque se burlen de ti y te digan que eres un fanático porque vas mucho a la iglesia. No te muevas de la plaza aunque la gente se burle diciéndote que no vas a recibir el milagro que hace tiempo estás esperando. No renuncies al fervor que Dios ha puesto en tu corazón por la burla de la gente.

Tal vez quisieras preguntarme cuál debe ser tu actitud ante la burla. La Biblia te aconseja en el libro de Salmos 46:10: «Estad quietos, y conoced que yo soy Dios».

Quédate tranquilo. Dios te defenderá. Ante la ofensa recuerda que la Biblia nos da la salida diciendo: «La blanda respuesta quita la ira» (Proverbios 15:1). No te muevas de la plaza, sigue esperando. Después de haber perdido a su familia y a sus bienes, le dijeron a Job que maldijera a Dios y se muriera, pero él respondió con una de las frases más poderosas que nos dejó como legado: «Yo sé que mi Redentor vive, y al fin se levantará sobre el polvo» (Job 19:25). Permíteme parafrasearte lo que Job expresó con convicción. Él estaba diciendo: «Yo sé que estoy enfermo, pero su trono está sano. Yo sé que estoy débil, pero su trono está fortalecido. Yo sé que no tengo nada, pero su trono lo tiene todo».

Tal vez te encuentres como Job, en un momento crítico de espera y con los dedos de la gente señalándote y burlándose de ti. Pero no te muevas de la plaza, tú sabes que el trono de tu dueño, de tu Dios, está firme y es inconmovible. Él abrirá las enormes compuertas de los cielos para enviarte la sanidad, la fortaleza y el sustento que abundan en su trono. No te muevas de la plaza, sigue esperando.

3. Con un pie aquí y otro allá

Siempre hay alguien que se acerca a la plaza para ofrecerte medias verdades que no son más que mentiras. Es probable que a la generación de la undécima hora se le acerquen personas que le hagan la siguiente propuesta: «Oye amigo, mientras esperas a ser contratado, por qué no dejas un pie en la plaza por si te llaman y con el otro salgamos y vivamos la vida alocadamente».

Esta es la peor propuesta que un cristiano puede aceptar. Ni siquiera pensarla, porque te va a parecer buena, pero la verdad es que su fin es dañino para tu salud espiritual. Lamentablemente hay muchos cristianos que viven con un pie en la plaza y el otro en el mundo. Sobre todo, viven recostados de la falsa idea de que su espera en la plaza es debido a que no los necesitan todavía.

Perdona la pregunta pero… ¿quién te ha dicho que la plaza es un sitio de pérdida de tiempo? Últimamente muchos cristianos se están secando espiritualmente porque viven una vida donde ya han perdido el temor a Dios y sencillamente se han acostumbrado, como si fuera normal, a participar de ambos lados, de Dios y del mundo pecaminoso.

A estas personas les da igual ver un programa cristiano en la televisión durante la mañana, y luego, en la tarde, navegar en el Internet observando páginas inmorales. También les da lo mismo maltratar a su familia verbal y físicamente, y unos minutos después asistir a la reunión de la iglesia. Igual de normal les parece ir a un centro nocturno el sábado por la noche, emborracharse hasta ser la burla de todos, fornicar y adulterar, para luego asistir a la iglesia el domingo en la mañana con una actitud como si nada hubiera ocurrido.

La Biblia en el libro de Gálatas 5:19-21 dice que estas actitudes que mencioné y algunas otras, son obras de la carne y van en contra de Dios, y por ende a él no le agradan. Si tú eres parte de este grupo de personas que están participando de una doble vida, mi intención no es señalarte a ti, pero sí señalar lo que la Biblia, que es la Palabra de Dios, presenta como pecado y que de seguro es muy dañino para tu salud espiritual.

Mi consejo es que muevas el pie del mundo pecaminoso y lo pongas con el otro en la plaza. Para lograr esto debes pedirle perdón a Dios por tu pecado y arrepentirte. Esto representa apartarte de una vez y por todas de esa doble vida que habías llevado hasta hoy.

Jefté era un joven-adulto que no tenía la culpa de haber nacido del vientre de una mujer prostituta, y mucho menos era culpable de que la madre de sus hermanos, antes de ser sanada, fuera estéril para el tiempo que él nació. Además tampoco fue responsable de la decisión de su padre, Galaad, en acostarse con una mujer ramera.

Jefté solo se aferró a su esfuerzo y valentía. Pero un día, sus hermanastros ya crecidos le presentaron una media verdad la cual lo puso en medio de dos caminos. «Jefté, eres un bastardo, hijo de una mujer de la calle y por eso no mereces ser parte de la herencia de la casa de nuestro padre», le dijeron.

Imagine a Jefté confundido, porque lo que acababa de escuchar provenía de la boca de personas a las cuales él amaba porque crecieron juntos. «¡Hermanos, yo no tengo culpa de ese pasado, yo solo sé que nací y soy esforzado y valeroso, no me traten así por favor!», respondió Jefté. Analizando en su mente lo que sus hermanastros le habían dicho, Jefté cabizbajo decidió huir de su ciudad. Renunciando a su verdad de esforzado y valeroso aceptó que era cierto el hecho de que era un bastardo e hijo de una ramera. Estas dos verdades cambiaron su manera de pensar y actuar. A partir de ese momento su corazón inocente y bondadoso se afectó. Pensó que era una pérdida de tiempo hacer el papel de esforzado y valeroso cuando todo el mundo tenía una percepción distinta a la de él. Jefté no entendió que esta acusación era la herencia de la casa de su progenitor.

Para que entendamos mejor, debemos saber que no era una pérdida de tiempo el hecho que Jefté fuera esforzado y valeroso, todo lo contrario. Él fue creado así porque era una oración contestada por Dios para el pueblo de Israel en medio de la opresión que vivía por parte de los amonitas. Jefté era un libertador, el único detalle es que él no lo sabía, y para colmo decidió sacar un pie de la plaza y huir a una tierra llamada *Tob,* donde se juntó con hombres ociosos. «Dime con quién andas y te diré quién eres» es un refrán cultural que usamos mucho para tratar de explicar el porqué de la conducta de una persona. Sin embargo, para que un grupo determinado de personas te acepten, tienen que identificarse contigo. De seguro cuando Jefté llegó a Tob le preguntaron: «¿Quién eres?», y teniendo la opción de contestar «esforzado y valeroso», con un corazón resignado prefirió contestar: «Soy un bastardo, hijo de una prostituta, y huí de mi ciudad porque no merezco la herencia de la casa de mi padre». Los supuestos nuevos amigos que encontró en Tob lo recibieron con los brazos abiertos diciéndole: «¡Bienvenido, Jefté! Aquí somos iguales que tú, has llegado al lugar perfecto».

Tienes que saber que el peligro de sacar un pie de la plaza es que le presentará a la gente parte de tu historia, pero de una forma totalmente distorsionada, y de la manera que te des a conocer, así mismo las personas te tratarán.

Figúrense por un momento al esforzado y valeroso Jefté metido en Tob, en un ambiente de vagancia y actuando igual que ellos. Ahora sí estaba perdiendo el tiempo como muchos cristianos que al sacar un pie de la plaza, automáticamente detienen el proceso de formación. Por favor, en el nombre de Jesús, decide sacar el pie de Tob y métele en la plaza. En el nombre de Jesús, saca tu pie de andar con personas que no te convienen, que te han hundido y han opacado las actitudes valerosas que Dios ha puesto en ti. Todo aquel o aquello que te separa de Dios no es para ti. No sigas deteniendo el proceso de formación de la plaza que Dios tiene contigo. ¡Mete ambos pies dentro de la plaza!

Al igual que como algunos te incitaron para sacar un pie de la plaza, así Dios usará personas para ayudarte a regresar el pie a la plaza. Dice la Biblia en el libro de Jueces 11, que cuando los amonitas se levantaron en guerra contra los israelitas, los ancianos de Galaad fueron a Tob a buscar a Jefté para que fuera el jefe del ejército de Israel y les trajera la victoria.

No sé cómo te ves ahora mismo, pero Dios desea que tú seas jefe de tus propios sueños. Él desea que aprendas a ser un buen seguidor de otros buenos ejemplos de vida. Él anhela que aprendas a liderar, porque solo así podrás abrir camino para la libertad de tu familia, negocios y ministerio. El latino tiene que aprender a ser líder, por mucho tiempo hemos sido buenos seguidores pero no buenos líderes.

La población latina posee una gracia exclusiva para emprender y dirigir proyectos extraordinarios, el problema es que no creen que esos puestos de liderazgo son para ellos. Recuerda, la gente nos tratará como nos presentemos ante ellos. Por favor, mira los talentos que tienes en tus manos, desempólvalos y multiplícalos. Recuerda que Dios te pedirá cuenta por ellos a ti y a nadie más.

Nunca me hubiera dado cuenta de la ayuda y la bendición tan grande que han sido para muchas personas, canciones como *La niña de tus ojos* y *La última palabra*, si nunca las hubiera sacado de la gaveta. Jefté regresó su pie a la plaza, lideró al pueblo de Israel en la guerra para ganarle a los moabitas y, gracias a Dios, lo lograron. Por favor, ¡regresa el pie a la plaza!

Lágrimas

Letra y música: Daniel Calveti

Cuando las lágrimas fueron mi pan de día y noche
Y me preguntaban dónde está tu Dios
Ya me hubiera muerto, pero me sostiene una oración
A ti mi Dios.
Por qué te abates alma mía, por qué me unes a tu turbación
Me estás haciendo daño, mucho daño.
La paciencia es ciencia al que espera
Y mientras esperamos cantemos, cantemos.

Dios es nuestro amparo y nuestra fortaleza,
Dios el que nos cuida, no hay por qué llorar,
No hay por qué dudar.
No hay por qué llorar.

Tomado del álbum musical «En paz» ©2008

CAPÍTULO IX

LOS BENEFICIOS DE LA PLAZA

Esperar en la plaza no significa perder el tiempo sino aprovechar los beneficios de la misma. Estos te harán más hábil para que cuando sea tu tiempo de ser exhibido al mundo para la gloria de Dios, puedas ejecutar tu misión con efectividad.

El primer beneficio que recibimos en la plaza es aprender a escuchar la voz de Dios. Antes de casarme con Shari me aseguré de aprender a escuchar la voz de Dios, tenía temor de contraer matrimonio sin conocer cómo él me hablaría. Por muchos años estuve acostumbrado a conocer a Dios por la relación que tenían mis padres con él. Ellos son pastores muy entregados a Dios. Así que están conectados con su presencia las veinticuatro horas del día, los siete días de la semana.

Dios es todo en la casa de mis padres y nada se hace sin consultarlo con él. De aquí proviene el éxito de la vida y ministerio de mis progenitores. De igual forma yo quería este éxito en mi casa con mi esposa y los hijos que Dios nos regalara. El problema era que me tenía que «destetar» espiritualmente de la relación que tenían mis padres con Dios, para que entonces yo pudiera dar comienzo a la relación propia con él.

Una relación consiste en la comunicación entre dos personas, pero antes de casarme solo sabía pedirle, mas confiaba que la respuesta la recibían mis padres, ya que ellos sí sabían cómo Dios les hablaba. Se oye jocoso lo que voy a comentar, pero antes de casarme me puse a pensar cómo oraría ya de casado, cuando tuviera algo que pedirle a Dios. Creo que hubiera sido algo así: «Dios, necesito saber si debo ir a cantar a China. Cualquiera que sea tu respuesta, por favor, dísela a mis padres que yo voy en una hora a visitarlos a su casa y entonces me enteraré tu respuesta. En el nombre de Jesús. Amén». Realmente sabía que no funcionaría así, entonces tuve que asegurarme de conocer cómo Dios me hablaría a mí, porque desde el momento que me casara sabía que una gran parte de la responsabilidad caería sobre mí, y yo necesitaba personalmente el consejo y la dirección de Dios en todo lo que haríamos para tener éxito como mis padres lo han experimentado.

Si eres joven y todavía no te has casado aprovecha el tiempo para afinar tu oído a la voz de Dios. Destétate de la relación que tus padres, abuelos, líderes tienen con Dios y busca la tuya.

Es probable que estés próximo a casarte y formar tu propia familia, así que antes de preocuparte por la casa en dónde vivirán, los muebles que comprarán o los hijos que tendrán, procura conocer cómo Dios te habla, porque esto será el timón que dirigirá tu barco a puerto seguro.

Dios nos habla de muchas formas, veremos tres de las más conocidas:

Audiblemente: Esta es una de las maneras en la cual Dios habla. Una de las personas en la Biblia que más la experimentó fue Moisés. Desde su primer encuentro con Dios en la zarza ardiente, comenzó a escuchar su voz audible todos los días. Moisés fue uno de los pocos hombres de la Biblia que recibía instrucciones específicas directamente de la boca de Dios. La mayoría de las veces todo el esfuerzo que Moisés hacía en sus oraciones era simplemente decir: «¡Heme aquí, Señor!». Moisés conoció su misión de vida en el primer momento que Dios le habló. En nuestros tiempos no todo el mundo tiene el privilegio de escuchar la voz de Dios audiblemente, sin embargo, personalmente he sabido de algunas personas que sí disfrutan de esta experiencia. Gloria a Dios si tú eres uno de ellos y al igual que Moisés recibes directrices específicas de él, solo recuerda pedirle que te ayude a mantener un corazón obediente para ejecutar lo que te está diciendo. Es probable que hayas escuchado la voz de Dios diciéndote: «Quédate en la plaza y espera».

Por revelación a tu entendimiento: El apóstol Pablo no vio ni caminó con Jesús, a diferencia de los otros apóstoles que sí lo hicieron. De las veces más contundentes que la Biblia relata que Pablo escuchó la voz de Jesús audiblemente fue en su primer encuentro en el, camino a Damasco. «Mas yendo por el camino, aconteció que al llegar cerca de Damasco, repentinamente le rodeó un resplandor de luz del cielo; y cayendo en tierra, oyó una voz que le decía: Saulo, Saulo ¿por qué me persigues? Él dijo: ¿Quién eres, Señor? y le dijo: "Yo soy Jesús, a quien tú persigues"». (Hechos 9:3-4).

Relata la Biblia que a raíz de ese encuentro, Pablo quedó ciego y fue llevado a la casa de un hombre llamado Judas, el cual vivía en Damasco. Allí permaneció orando por tres días sin comer ni beber nada. ¡Qué intensas deben haber sido las oraciones de Pablo en esos tres días! Me imagino que oraba para que Dios lo perdonara por tanto daño que había hecho a los cristianos. También imagino que le pediría a Dios que lo limpiara y le mostrara qué hacer. Por fin, Dios comenzó a hablarle, pero en esta ocasión ya no era una voz audible sino a través de una visión a su entendimiento. ¡Qué impresionante!

Dios sabía que Pablo era el tipo de persona a la que podía hablarle así porque podía creer firmemente sin necesidad de cuestionar. En aquella visión, Pablo vio a un hombre llamado Ananías que entraba a la casa donde él se encontraba y le ponía encima las manos para que recobrara la vista. Ananías era un discípulo de

Jesús a quien Dios también le mostró por medio de una visión la condición de ceguera de Pablo, y a su vez le encomendó decirle la gran misión que Pablo tenía que emprender.

«El Señor le dijo: Ve, porque instrumento escogido me es éste, para llevar mi nombre en presencia de los gentiles, y de reyes, y de los hijos de Israel; porque le mostraré cuánto le es necesario padecer por mi nombre» (Hechos 9:15-16).

Ananías oró por Pablo, quien recibió la visa y también fue lleno del Espíritu Santo. Luego ingirió alimentos para recobrar fuerzas. Lo que recibió Pablo en ese momento marcó el precedente de cómo Dios le hablaría por el resto de su vida. En un plano espiritual y de manera simbólica, el recibir la vista significaba que su visión espiritual fue abierta para escuchar la voz y dirección de Dios a través de visiones. Al ser lleno del Espíritu Santo estaba recibiendo el canal a través del cual Dios le hablaría por revelación a su entendimiento. ¿Revelación de qué?

El comer alimentos para recibir fuerzas representaba que escucharía la voz de Dios a través de la revelación de las Sagradas Escrituras. Palabras que posteriormente lo iluminarían para escribir cartas poderosas que enriquecerían la conducta del cristiano, y por supuesto lo hizo basado en el poderoso mensaje de nuestro Señor Jesucristo. Hoy en día estos escritos son parte de la Biblia. Al igual que Pablo, hay muchísimas personas alrededor del mundo a las que Dios les habla por revelación de su Palabra.

Son personas que con solo abrir la Biblia y leerla, reciben la respuesta y la dirección a sus peticiones. Mi esposa Shari es una de esas personas. Siempre le digo que es una niña consentida por Dios porque es impresionante ver que ella, de una manera muy sencilla, le pide a Dios cualquier petición. Al finalizar su oración, todo lo que hace es abrir la Biblia y leerla, y allí recibe su respuesta.

Por favor, disfruta de su voz a través de su Palabra, él tiene tanto que decirte y mostrarte. Además de cualquier otra razón que él tenga, escogió hablarte de esta forma porque admira la confianza sin reservas que tienes en él. Dios disfruta al ver cómo amas su Palabra. A él le impresiona que de cada suceso relatado en la Biblia tengas algo que aprender. A Dios le gusta cuando tomas fuerzas para seguir adelante al compararte con un ejemplo bíblico que has leído. En fin, disfruta su voz a través de su Palabra.

Mientras esperas en la plaza, aliméntate de la voz de Dios a través de su Palabra. Verás cómo te va a confortar en tu debilidad, te abrazará en tu soledad y te llenará de ánimo para que sigas esperando en él.

A través de las experiencias de la vida: La Biblia enseña que José escuchó la voz de Dios a través de las experiencias en la vida. Él perteneció a ese gran grupo de personas que tal vez nunca han escuchado la voz de Dios como Pablo o Moisés. Sin embargo amó a Dios con todo su corazón y confío en que todas las cosas le ayudarían a bien. A diferencia de Moisés y Pablo, José conoció la gran misión de su vida casi al final. A nuestro parecer, José tenía el derecho de cuestionar dónde estaba la voz de Dios en medio de tantos sucesos desesperantes que le ocurrieron, aun así nunca renegó sino que se sostuvo adorándole. Este muchacho comprobó que la sustitución de la queja es la adoración. Quizás estás pensando que probablemente Dios permite las experiencias negativas, pero no es así, el mismo hombre es quien las produce por sus malas decisiones, pero Dios en su misericordia y amor las aprovecha para crear caminos de bendición. José no oyó la voz de Dios en las cosas malas que le ocurrían sino en el favor que le daba para salir absuelto de las mismas.

Por otro lado, esto no quiere decir que para escuchar la voz de Dios a través de las experiencias de la vida, tienen que ser todas negativas. Mira a tu alrededor y date cuenta de todas las bendiciones que Dios te ha dado, la vida, la salud, tu familia, tu trabajo, tus bienes, las oportunidades que Dios te abre todos los días, la creación, etc. Cada vez que veas estas bendiciones que te mencioné, dale gracias a Dios porque te está hablando.

La secuencia de sucesos que experimentó José, aunque no fueron provocados por Dios, él los usó para ubicar a José como parte del gobierno de Egipto y transformarlo en el canal que llevaría libertad, provisión y cobertura a Israel, cuyo pueblo estaba en un momento crítico de escasez. José llevó libertad al pueblo que lo vio nacer.

La secuencia de luchas en la vida de José sucedieron de esta manera:

1. Los sueños de José provocan envidia en sus hermanos (Génesis 37:1-11).
2. Sus hermanos conspiran para matarlo (Génesis 37:8-20).
3. Sus hermanos lo venden a los ismaelitas por veinte piezas de plata (Génesis 37:27-28).
4. José es comprado por Potifar, un oficial del Faraón.
5. Meten a José en la cárcel a causa de la calumnia de la mujer de Potifar, quien se enojó porque José no quiso acostase con ella (Génesis 39:7-20).
6. José interpreta los sueños del copero y el panadero dentro de la cárcel (Génesis 40).
7. José interpreta el sueño del Faraón (Génesis 41).
8. José es designado como gobernador de Egipto (Génesis 41:37-57).
9. José brinda cobertura a su familia (Génesis 47).

Imagínate el pensamiento de José el primer día que se despertó siendo el gobernador de Egipto. Debe haber abierto las ventanas de su recámara y mirando al cielo habrá adorado a Dios como siempre, dándole gracias porque su voz estuvo en cada suceso de su vida.

Al igual que José, por favor, agradécele a Dios porque su voz nunca te ha dejado. Nunca pienses que Dios te ha abandonado porque no te habla como lo hizo con Pablo o Moisés, todo lo contrario, dale gracias porque él está en control de todo. Dale gracias porque oyes su voz a través de todas las lindas bendiciones que tienes y las que recibes día a día. En medio de la enfermedad que estás atravesando, dale gracias a Dios porque estás escuchando su voz a través de las fuerzas que te da para vivir.

Tal vez tienes un familiar en la cárcel, sé que sufres por esto, pero aun así dale gracias a Dios porque estás escuchando su voz a través de todos esos hermanos de la iglesia que se dedican a visitar los servicios penitenciarios hablándoles del amor de Jesús. Allí Dios te está diciendo que nunca los va ha dejar de cubrir. Cualquiera sea tu circunstancia, agradece a Dios porque a lo largo de los años has oído su voz en todas aquellas cosas que te han mantenido en pie.

Particularmente, yo he aprendido a escuchar su voz a través de las experiencias de la vida y por la revelación de su Palabra a mi entendimiento. ¿Y tú? ¿Cómo estás escuchando su voz? Identifica cómo estás escuchando la voz de Dios y disfruta de este beneficio el cual se aprende en la plaza. Porque seguramente va a ser muy útil en tu vida personal y en todo los proyectos que Dios deposite en tus manos.

Tal vez te sientes cansado de estar en la plaza, pero aun en esa espera está la voz de Dios reteniéndote para un futuro glorioso que tiene contigo. Quédate en la plaza, no te muevas.

La oración

Otro de los grandes beneficios que recibimos en la plaza es «la oración», que es la llave para que aprendas a hablarle a Dios. En el libro de Lucas 18:1, Jesús habló de la necesidad de orar siempre y no desmayar. Estas palabras salieron del hijo de Dios demostrándonos que si él tuvo la necesidad de orar, cuánto más nosotros. Aunque no existe un tiempo determinado para la duración de una oración, aun así hay muchos cristianos que alegan que después de cinco minutos orando no pueden seguir porque sencillamente no saben qué más decir.

Para nuestro Señor Jesucristo, la oración, además de ser una necesidad era un tiempo de refrigerio con su Padre celestial. Él necesitaba orar por muchas razones, algunas de la cuales quedaron como un norte para nosotros.

Antes de compartirte algunas de ellas quisiera que identificaras por un momento algunas cosas que hacía Jesús en un día de su ministerio aquí en la tierra.

Primero, se levantaba con el gran deseo de ir a predicar del amor de su Padre celestial. Segundo, tenía que determinar qué lugar visitaría para llevar su mensaje. En tercer lugar, la mayoría de las veces predicaba ante una audiencia tan grande que probablemente tendría que esforzar su voz más de lo normal para que todo el mundo escuchara.

La Biblia relata que la multitud podía estar compuesta de hasta 5,000 personas o más. Puedes imaginar el trabajo extraordinario que Jesús tuvo que hacer con su voz. Jesús no solamente fue un gran predicador aquí en la tierra, sino que reafirmaba su poderoso mensaje de salvación con milagros maravillosos. Sanó a los quebrantados de corazón, levantó a paralíticos, dio la vista a los ciegos, hizo libre a muchos oprimidos, multiplicaba los alimentos, etc. Para lograr estos milagros, de él salía poder. Esta era una experiencia que seguramente lo agotaba físicamente.

Por otro lado, tenía que explicarle a la gente el por qué debían arrepentirse de sus pecados, algo que tuvo que hacer con mucha sabiduría, gracia y cautela. También tuvo que soportar la persecución de los fariseos que buscaban ocasión para acusarlo y detener su obra. Jesús tuvo que usar mucho discernimiento para conocer las intensiones del corazón de la gente.

Al final del día, cuando todos se volvían a sus casas, Jesús tenía que quedarse con sus doce discípulos respondiendo preguntas que ellos tenían acerca de cosas que él había hecho y dicho durante el día. Por último, cuando sus discípulos se retiraban a dormir, Jesús se quedaba despierto y se apartaba para orar a su Padre celestial.

Personalmente me imagino a Jesús, a elevadas horas de la noche salir corriendo al patio del lugar donde estaba y tirarse al suelo boca abajo, recostar su rostro entre sus brazos y llorar desahogando su corazón ante el Padre celestial, derramando así todos los sentimientos que el día le había producido.

Probablemente ahora mismo tú sientes el deseo de arrodillarte en el sofá de una de las esquinas de tu casa y llorar para presentarle a Dios tu sentir de todo este día. ¡Hazlo! ¡Hazlo ahora mismo! Interrumpe nuestra conversación y ve, póstrate ante tu Dios. Él te está esperando, su presencia te quiere cubrir ahora mismo con un bálsamo de amor y fortaleza. Por favor, no planifiques qué le dirás, solamente ábrele tu corazón y deja que tus lágrimas le digan lo que sientes. ¡Dios es tu pañuelo de lágrimas!

La generación de la undécima hora tiene que conocer perfectamente la necesidad de orar, especialmente cuando ya son casi las cinco de la tarde y no han sido contratados. A esa hora ellos experimentan muchos sentimientos encontrados debido a todo un día de espera, por lo tanto necesitan desahogarse con alguien, pero es bueno saber que ellos conocen que ese alguien es Dios.

Algunas de las razones por las cual Jesús oraba después de un largo día de ministración eran:

Fortaleza:

Jesús necesitaba ser fortalecido espiritual, emocional y físicamente porque le esperaba otro día igual de intenso, y él necesitaba estar fuerte para enfrentarlo.

Para rendir cuentas:

Al igual que tú le cuentas detalladamente a tu cónyuge todo lo que te ocurrió en tu día de labor, como las emociones vividas y los momentos tensos del mismo día, así Jesús necesitaba rendirle cuentas a su Padre. El rendir cuentas a alguien de tus acciones te da el privilegio de desahogar tus cargas para que ellos te cubran, y también de compartir tus alegrías para que celebren contigo.

Dar gracias:

Jesús necesitaba darle gracias a Dios por todas las maravillas que habían ocurrido en ese día. El dar gracias crea en ti el reconocer que sin la ayuda de Dios no hubieras podido lograr nada. Una de las tantas cosas que admiro de Jesús es que él daba gracias antes y después de los milagros que hacía.

Pedir misericordia:

Jesús sentía mucha compasión por las personas. Por eso le pedía a Dios que tuviera misericordia para que perdonara los pecados de la gente y aliviara sus sufrimientos.

Toma un lápiz y un papel y apunta en forma de lista estas cuatro razones que Jesús estableció como necesidades para orar. Descubrirás que van a servirte como mapa en el momento que vayas a orar. Coloca tu lista a un lado y déjala allí porque en breve tendrás que apuntar unos cuantos motivos más que enriquecerán tu vida de oración.

Orar es hablar con Dios, es el canal para comunicarse con él. La oración fue creada por nuestro Padre celestial para que nosotros, sus hijos, nos comunicáramos con él. Así como un niño, nosotros también podemos pedirle a nuestro Padre lo que necesitamos, sin embargo, tenemos que saber que él, como Padre; es responsable de darnos no necesariamente lo que nosotros queremos sino lo que realmente necesitamos.

Cuando ores entra con una actitud de humillación como aquel publicano que relata la Biblia en el libro de Lucas 18:13, que entró al templo a orar y estando a lo lejos ni se atrevía alzar sus ojos al cielo sino que se golpeaba en el pecho diciendo: «Dios, sé propicio de mí que soy pecador». Por esta actitud de humillación este hombre salió justificado del templo. A Dios no le impresionan las palabras tan sofisticadas que uses en el momento de orar. Tampoco le sorprende que le recuerdes vociferando tus logros alcanzados, eso es altivez y a él no le agradan las personas altivas.

Casi a las cinco de la tarde, a la generación de la undécima hora, faltando una hora y unos minutos para que se termine el día de trabajo, no le debe ser fácil orar con la misma actitud con la que posiblemente llegaron en la mañana. Ya no pueden presumir lo talentosos que son y mucho menos sus logros del pasado. A esa hora de la tarde solo pueden darse golpes en el pecho diciendo: «Señor ten misericordia de mí que soy pecador».

Ríndete a Dios, no alardees de los logros del pasado en Dios, hay más que ver, hay más que hacer. Por favor, cuando ores, despójate de la altivez, Dios te conoce tal como eres y a él no puedes engañar con tu prepotencia. Entra en tu recámara y en secreto ora a tu Padre, y él que conoce todo en lo secreto, te recompensará en público.

Siempre comparto el ejemplo de aquel hermano en la congregación que oraba en silencio porque necesitaba un automóvil. Nadie sabía nada acerca de su petición, solo Dios. Y en la misma iglesia había otro hermano que también necesitaba un automóvil; pero luego de pedírselo en oración a Dios, le contaba a casi todos los demás hermanos de la congregación su petición con el fin de darles pena, para que entonces se conmovieran y le regalaran lo que tanto deseaba. Por supuesto los dos recibieron su automóvil, pero el primero fue sorprendido por Dios, al mover a alguien que no conocía su petición a regalarle uno de sus automóviles.

El segundo también recibió el suyo, pero porque dio lastima a la gente, y para que no sufriera más le regalaron lo que pedía.

La diferencia es que el primer individuo recibió el favor y la provisión de Dios, pero la segunda persona recibió el favor y la provisión de la gente. Hay cristianos así, que viven repitiendo constantemente sus oraciones en voz alta solo con la intención que la gente les tenga pena.

Imagínense a la generación de la undécima hora orando a gritos en la plaza a las cuatro y cuarenta y cinco de la tarde. Creo que a algunas personas que pasaban alrededor de la plaza les hubiera dado pena y entonces hubieran convertido la plaza en un lugar lleno de personas pidiendo limosna.

El hecho que tú estés esperando en la plaza no te quita valor, sigues valiendo mucho para Dios. No te conformes con vivir de las limosnas de la gente y toma el puesto que Dios te ha dado. El libro de Mateo 6:7-8ª dice: «Y orando, no uséis vanas repeticiones, como los gentiles, que piensan que por su palabrería serán oídos. No os hagáis, pues, semejantes a ellos; porque vuestro Padre sabe de qué cosas tenéis necesidad, antes que vosotros le pidáis».

Este texto bíblico desata una gran pregunta: Si Dios conoce todas nuestras necesidades, entonces ¿por qué debemos orar siempre? Sencillamente porque aunque él sabe lo que tú necesitas, aun así él desea observar a quién recurres primero en tus momentos de necesidad.

¿Te has puesto a pensar cuántas veces has recurrido primero a descargar tu preocupación con personas llamándolos telefónicamente, o recuerdas aquellos momentos donde decidiste primero preocuparte y frustrarte antes de recurrir primero a Dios?

Jesucristo quiere ser la primera, la segunda y la tercera opción a la que tú recurras antes que se acabe el día de trabajo. La generación de la undécima hora no regresará a sus casas como la primera opción hasta que no tengan algo en sus manos. Ellos no quieren darle pena a sus seres queridos porque no los contrataron. Prefieren quedarse en la plaza orando y confiando en Dios, así falte casi una hora para que se termine el día de trabajo. Ellos reconocen que en medio de sus pensamientos de incertidumbre Dios es el primer lugar a recurrir.

¡No te muevas de la plaza! Si estás allí es con un propósito. Él sabe lo que te cuesta esperar y también está consciente de lo que necesitas; pero por sobre todos los sentimientos encontrados que tienes, a él le encanta saber que eliges refugiarte primero en él. Ahora sí, vuelve a tomar tu lista de motivos de oración y prepárate para apuntar algunas necesidades más de oración.

Necesidades de oración

Jesús les enseñó a sus discípulos ocho necesidades de oración adicionales a las cuatro que ya tienes anotadas. Estas necesidades de oración, al igual que en la vida de sus discípulos de Jesús, también deben formar parte de todos los días de tu vida para que así tengas éxito. No debe haber ni una mañana que no pidas a Dios que supla estas necesidades. No te permitas salir de tu casa sin sentir que estas oraciones están saciadas por Dios. ¡Qué beneficio es la oración en la plaza! Créeme, te mantendrás fortalecido todos los días de tu vida. ¡Aprovecha el tiempo de la plaza y ejercítate en la oración!

El conjunto de estas ocho necesidades básicas de oración es también conocido como la famosa oración del *Padrenuestro* que se encuentra en el libro de Mateo 6:9-13.

Padre nuestro que estás en los cielos

Cada mañana al levantarte, esta debe ser tu primera necesidad de oración. Tienes que aprender a decir: «Padre mío que estás en los cielos». Con esta poderosa frase le estás dejando saber al cielo, a la tierra y todo lo maligno que NO amaneciste huérfano, sino que tienes un papá que vela por ti. Pon tus manos en el corazón y repite: «¡No amanecí huérfano, tengo un papá que cuida de mí!».

¡Qué glorioso! Créeme, el cielo se acaba de poner a tu servicio hoy. Si entendiste lo que has dicho, repite nuevamente con tus manos en el corazón: «¡No me moveré de la plaza! Esperaré en mi Dios porque no amanecí huérfano. ¡Tengo un papá que vela por mí! ¡Gloria a Dios!».

En una ocasión había un hombre que pintaba un edificio. Se encontraba en uno de los pisos más altos, cuando dejó de pintar por un momento y decidió observar hacia abajo. Veía una gran multitud que caminaba por la calle entretenida en sus pensamientos. De pronto, al mirar más detenidamente, se percató de un joven que le había robado la cartera a una dama aprovechando la oportunidad de que la multitud la rodeaba y ella no lo notaría. El hombre que estaba arriba en el edificio, bajó y capturó al ladrón, le quitó la cartera y se la devolvió a su dueña. Cuando la señora recibió su bolso, con una buena sonrisa le dijo a aquel hombre bondadoso: «¡Muchísimas gracias caballero! Pero... ¿cómo se dio cuenta que me habían robado la cartera con tanta aglomeración de personas caminando?». Con una sonrisa amable aquel hombre contestó: «¡Señora, mire aquel edificio que está a su mano izquierda. Yo estaba allí, en un piso muy elevado, y quiero decirle, desde arriba las cosas se ven mejor!».

Aunque el relato parece risueño describe el cuido de nuestro Padre hacia nosotros. Tienes que saber que tu Padre está en los cielos y que desde allí tiene una mejor visibilidad de toda tu vida. Él puede ver mejor tu ayer, tu hoy y tu mañana. Solamente descansa en él. Tú y yo no podemos estar en todo lugar al mismo tiempo, pero él como tu Padre sí puede, porque es omnipresente. Echa tus ansiedades sobre tu Padre celestial y camina en paz.

Una vez que tu familia salga de tu casa en la mañana a sus labores del día, después del suculento desayuno que les preparaste, desde ese momento ya están fuera de tu cuidado. Tienes que aprender a confiar que tu Padre celestial cuidará ese día de tu cónyuge en su trabajo, cuidará de tu hija en la universidad y también velará por tus hijitos en la escuela. No te preocupes, Dios sabe cuidarlos. Él es mejor Padre que nosotros.

Probablemente van a cerrar la compañía en la que hace dos décadas has trabajado. Al igual que otros compañeros de labores, tú también estás conmovido con la noticia y muchas incertidumbres comienzan a invadir tu mente.

Pero es aquí cuando debes gritar esta oración y decir: «¡Papá mío que estás en los cielos!». En otras palabras, lo que le estás diciendo es: «Yo sé Padre, que tú tienes una mejor visión de lo que está sucediendo y sé que ya viste una mejor oportunidad de empleo para mí. Solamente ayúdame a confiar que tú viste una puerta de oportunidad la cual yo no estoy viendo ahora, en el nombre de Jesús, Amén». Él es tu Papá y nunca te va a dejar. Salmos 23:1 dice: «El Señor es mi Pastor y nada me faltará».

Una vez ya estando casado y con hijos, le pregunté a mi papá terrenal:

—Papá, ¿cómo hacías para que mis hermanos y yo, cuando éramos pequeños, no nos diéramos cuenta que algunas veces pasábamos por momentos difíciles en casa?

La contestación de mi papá fue sencilla:

—¡Yo soy papá!

—Sí, pero tuviste que usar algunas directrices para lograrlo, enséñamelas por favor! —le rogué.

—Daniel, soy papá —respondió él.

Por tercera vez insistí hasta que con amor y firmeza levantó su voz y me dijo:

—Hijo, confórmate con saber que yo soy papá.

No te preocupes en saber cómo Dios va a hacer tu milagro, ni trates de usar tu mente lógica para ayudar a Dios a resolver tus situaciones. No hagas como muchas personas que están acostumbradas a orar y también a responderse ellos mismo lo que pidieron en oración. No preguntes tanto, solo confórmate con saber que él es Papá y que su trabajo es abrir camino en donde tú como hijo no puedes. ¡Quédate en la plaza, no te muevas!

Mientras esperas, tu Padre celestial está abriendo caminos para ti.

Para los que conocen a nuestros hijos saben que Daniela Grace, nuestra única hija y la menor, es pura sonrisa, pero reservada. Natán Gabriel es nuestro segundo hijo y es muy amoroso. No obstante también es muy reservado y cauteloso. Pero Isaac Daniel, nuestro hijo mayor, es un líder. Es muy conversador y creativo. Shari y yo amamos mucho a nuestros hijos pues son nuestros regalos de parte de Dios.

Permíteme aclarar que la creatividad en un niño de tres años, como todavía no está procesada, requiere de mucha supervisión; porque siempre tratarán de conseguir lo divertido de lo que ya es divertido. Digo esto porque lo que les voy a contar sucedió en una ocasión, cuando todavía no había nacido Daniela. Isaac tenía tres años y Natán tenía uno. Un domingo en la tarde, luego de salir de la iglesia, Shari, mi cuñada Valerie y yo llevamos a los niños a un centro de juegos. Isaac se montó en un caballito mecánico que tenía un manubrio de aluminio fuerte. Comenzó a balancearse de adelante hacia atrás. Se reía mucho y por supuesto, nosotros también. Hasta que llegó un momento en que Isaac buscó lo divertido a lo que ya estaba siendo emocionante, y decidió parase encima del asiento del caballito. Levantó sus manos que sostenían el manubrio y seguía balanceándose fuertemente. De repente, vemos brotar unos cuantos chorritos de sangre provenientes del centro de su frente, lugar en el cual se guarda una fuerte presión de sangre.

—¡Ayuda, ayuda! —gritábamos Shari y yo con Isaac en nuestros brazos, tratando de presionar con una camiseta su frente para detener la sangre. Rápidamente el encargado de la tienda nos preguntó:

—¿Qué pasó? ¿Qué pasó?

—Nuestro hijo estaba balanceándose en el caballito mecánico y un abrir y cerrar de ojos puso sus pies sobre el asiento y tratando de balancearse perdió el control y chocó su frente con el manubrio del caballito mecánico —contestamos.

El supervisor de la tienda no supo qué hacer porque estaba muy nervioso al igual que nosotros. Así que le dije a Shari:

—¡Vámonos al hospital más cercano, Isaac necesita que lo atiendan ahora!

Así que mientras yo cargaba a Isaac en mis brazos, Shari conducía hacia el hospital como ¡alma que lleva Cristo! Por fin cuando llegamos y entramos por la sala de emergencias, nos encontramos a una enfermera que estaba sentada en un escritorio escribiendo algunos documentos. Mientras esperábamos un poquito que nos atendiera, me di cuenta que atendía a las personas sin mirarlos a la cara debido a que seguía escribiendo. Yo creo que la enfermera medía como 5 pies 9 pulgadas de estatura y tenía brazos muy robustos. Además, la actitud con la que le hablaba a la gente era intimidante. Allí concluí que estaba un poco amargada y esto me puso a la expectativa de cómo nos atendería.

—¡Buenas noches! Por favor ¿podría atender a nuestro hijo? —le pedimos.

—¡Tu hijo no es prioridad, hay más personas aquí en espera! —respondió muy seriamente.

Te confieso que en ese instante un enojo me subió desde las plantas de los pies hasta mi cabeza. Por un momento me olvidé una de las frases de un título de mis canciones: «¡Jesús, haz mi carácter más como el tuyo!». Nosotros, como ciudadanos, sabíamos que teníamos que esperar un turno para que atendieran a nuestro hijo. Lo que no estábamos dispuestos a tolerar era el comentario «tu hijo no es prioridad». ¿Cómo se le ocurre decirnos esto a nosotros como padres? Porque si Shari y yo no velamos por el bienestar de nuestro hijo ¿quién más lo haría?

En aquella sala de emergencias, le pedí a mi esposa que me facilitara el teléfono para llamar a una amiga que es doctora. Cuando ella nos respondió y se enteró de lo sucedido nos preguntó:

—¿Se atreven a viajar 30 minutos hasta el hospital en donde estoy para que atienda a su hijo?

—No nos importa que tengamos que ir al fin del mundo para que atiendan a nuestro hijo, ¡Él nos necesita! —respondimos.

Nuestro desasosiego se calmó cuando la doctora después que lo atendió nos dijo:

—Tengan paz, todo está bien con el niño, solo le tomé un punto en su frente.

—¡Wow! ¡Tanta sangre y ¿solo un punto?! —repliqué de manera jocosa.

Mi comentario era de alegría porque nuestro hijo estaba fuera de peligro, gracias a Dios.

Una semana después era el día de los padres, y ese domingo me tocaba compartir la Palabra en el *Centro cristiano Fruto de la vid*, que pastorean mis padres y donde asistimos con nuestra familia. Antes de predicar nos regalaron a todos los padres de la congregación un papelito enrollado en forma de pergamino. Este regalito contenía un texto bíblico que cita así: «¿Qué hombre hay de vosotros, que si su hijo le pide pan, le dará una piedra? ¿O si le pide pescado, le dará una serpiente? Pues si vosotros, siendo malos, sabéis dar buenas dádivas a vuestros hijos, ¿cuánto más vuestro Padre que está en los cielos dará buenas cosas a los que le pidan?» (Mateo 7:9-11).

Esa mañana quedé conmovido con este pasaje bíblico que me hizo reflexionar: «Señor, si la semana pasada Shari y yo hicimos tanto con tal que Isaac estuviera bien, ¡cuánto más harás tú por nosotros que somos tus hijos!».

Pon una mano en tu corazón y recibe en el nombre de Jesús lo que te voy a decir: «¡Si tu Padre celestial ve que tienes necesidad, moverá todo el cielo a tu favor!». No tienes que hacer fila para que Dios te atienda, solo con que Dios te vea necesitado es suficiente para mover su corazón a tu socorro. Tu Padre celestial extenderá su mano hacia ti para que recibas la atención que mereces. Tú eres su hijo, por eso eres su prioridad. Tu Padre traerá personas desde lejos si es necesario solo para atenderte a ti.

Yo lo viví al ver el milagro de mi mamá. Ella quedó cuadrapléjica a raíz de un accidente en un transporte público que llevaba alrededor de veintidós personas. Su columna partida en cuatro pedazos llamó la atención de la ciencia médica, ya que se preguntaban quién iba a atender este caso que requería de un especialista, y los que vivían en el país se encontraban en esos momentos en el exterior. Nuestro Padre celestial, como conocía la necesidad de mi mamá de ser operada, prontamente envió a un cirujano que se especializaba en este tipo de operaciones de columna. Él venía de su país natal, Francia, a Venezuela, nuestro país, a intervenir a un familiar de un ex presidente de Venezuela, pero como llegó unos días antes, decidió hacer una demostración explicativa de este tipo de operaciones para sus colegas venezolanos y ¿quién creen que fue la modelo?: mi mamá.

Quisiera contarte cómo concluyó el gran milagro pero prefiero que ella misma lo haga en su libro. Lo que quiero explicarte con esto es que eres la prioridad de tu Padre y él moverá lo que sea para que tú, como su obra maestra, luzcas bien. Dale gracias a Dios porque es tu Padre. Por favor, no te enfoques en lo que no tienes, sino piensa y enumera todo lo que él te ha dado. Cosas tan importantes como la vida, el alimento, el vestido, un techo para vivir, amor de los tuyos, la paz, etc. Dale gracias a tu Padre celestial por todo. Que cada mañana tu primera necesidad de oración sea: «Padre mío, que estás en el cielo, te doy gracias porque no amanecí huérfano, te tengo a ti». No te muevas de la plaza, tu Padre celestial tiene una mejor visibilidad de lo que va a ocurrir a las cinco de la tarde, por eso eres llamado *«la generación de la undécima hora»*.

Santificado sea tu nombre

Quien tiene un padre tiene que reconocerlo; porque al resaltar a tu padre le estás dando a entender al mundo que no estás huérfano. Por ejemplo: Si cuando entras a tu trabajo cada mañana te preguntan: ¿Cómo estás? Si tu respuesta es: «Bien, gracias», el mensaje que estás dando es: «Por ahora estoy tranquilo, gracias por preguntar». Pero si respondes: «Amanecí bien. Gracias a Dios», entonces el mensaje que estás comunicando es: «Dios me regaló un día más de vida y estoy seguro que estará el resto del día conmigo». Hay una gran diferencia entre una y otra. Créeme que tus compañeros de trabajo se darán cuenta de que Dios es lo más importante para ti.

Toda pregunta que tú respondas diciendo primero la frase «Gracias a Dios...», manifiesta tu adoración a Dios, que no es otra cosa que «elogiar a alguien por lo que es». Por ejemplo, si yo elogio a mi esposa, diré que ella es amorosa, tierna, sabia, íntegra, etc. Pero si yo elogio a nuestro Padre celestial, yo diré que él es el alfa y omega, principio y fin, es el gran Yo Soy, mi proveedor, él es quien me llena de su paz, etc.

Santificado sea tu nombre implica adorar a Dios por lo que él es. Esta tiene que ser la segunda oración de cada mañana que te levantes. La adoración sale de un corazón que se siente cubierto y agradecido. El mundo completo tiene que saber que Dios es tu Padre y la manera para que lo sepan es cuando te escuchen adorándolo. Cada mañana adorarlo y reconocerlo porque sino, podrías caer en el error de atribuirte una gloria que no te pertenece. Hay un dicho que dice «crédito a quién crédito merece». Jesús no le presentó a sus discípulos la adoración al Padre como una opción, sino como una necesidad diaria. La adoración no se trata de nosotros, sino de él. Es asombroso adorar a Dios porque como todo se trata de él, al adorarle su gloria completa vendrá a visitarte porque estás llamando su atención. Lo más maravilloso es que su gloria viene con todo su poderío, lo que quiere decir que es imposible que tú vuelvas a ser el mismo después de su visita. El profeta Isaías describía esta experiencia diciendo: «... sus faldas llenaban el templo» (Isaías 6:1c)

Es por eso que hay reuniones en la iglesia donde la congregación eleva una adoración tan poderosa a Dios que sin hacer nada, la presencia de Dios comienza a sanar a los enfermos y a los quebrantados de corazón. También muchas veces las personas que están visitando por primera vez la iglesia, son redargüidas de pecado y le entregan su corazón a Jesús. La Biblia dice en Hechos 16:25-34; que un día, a la medianoche, Pablo y Silas encarcelados por predicar el evangelio comenzaron a adorar a Dios. Su actitud en medio del dolor por todos los golpes que habían recibido antes de ser encarcelados era de adoración. La gloria de Dios bajó tan impresionantemente que los cimientos de las cárceles se movieron, las cadenas que ataban sus pies se rompieron y ellos quedaron en libertad, porque las puertas de sus celdas y de todos los presos que estaban allí se abrieron. Para más, el guardia que cuidaba esas celdas, maravillado por lo que veía, reconoció a Jesucristo como su Señor y Salvador.

Si tu segunda necesidad de oración es la de *Santificado sea tu nombre*, tienes que atenerte a las consecuencias, porque es muy posible que a esa hora, temprano en la mañana, la gloria de Dios llene tu casa y comience a estremecer los cimientos espirituales de tal manera que sacudiéndose saquen todo lo malo de tu hogar. También recuerda que, al igual que Pablo y Silas, tu adoración provocará que la gloria de Dios también liberte y salve a todos los que te rodean.

Es muy probable que haya madres que se queden desveladas hasta la medianoche o más debido a que no pueden dormir porque les preocupa un miembro de la familia que no quiere saber nada de Dios. Mujer, no te quedes con las manos cruzadas, comienza a adorar a Dios, provoca su gloria en tu casa. Ayer tu hijo te ofendió, te hirió con su rebeldía, pero ese desvelo a la medianoche te está diciendo que comienza un día nuevo en el que Dios hará cosas nuevas. Al igual que la gloria de Dios dio apertura de cárceles a los demás presos que estaban en las celdas contiguas de Pablo y Silas, así también libertará a ese hijo tuyo que está allí durmiendo. Ese hijo tuyo no está siendo partícipe contigo de tu adoración a Dios, pero a causa de tus elogios a Dios, su gloria también cubrirá a tu hijo, lo libertará y lo salvará.

Cualquiera que sea tu circunstancia, aprovecha el beneficio de la oración. ¡No te muevas de la plaza! Adora a Dios. Haz que su gloria descienda a la plaza y comience a sacudir el desánimo. Permite que la plaza sea estremecida con su gloria, llénate en la plaza de su presencia, sé bautizado con el fuego de su Espíritu ahora mismo, en el nombre de Jesús. ¡Tú adoración es la llave que desata su gloria sobre ti! ¡No esperes a ser exhibido al mundo por Dios si todavía no has experimentado su gloria en la plaza! Asegúrate de conocer cómo se siente su gloria.

Cuando yo era niño y me caía, recuerdo que podía ir a los brazos de mi papá y él me limpiaba la herida, me colocaba una banda protectora, secaba mis lágrimas y me regresaba para que siguiera jugando con el resto de los niños. Cuando regresaba al juego con mis amiguitos les decía: «¡Mi papá es muy bueno!». Yo sabía que mi papá me estaba escuchando, y ahora que soy adulto sé que él se llenaba de alegría porque lo estaba reconociendo como mi protector. Tengan por seguro que por cada herida que yo recibía en mi niñez, mi papá aumentaba su amor, su cuidado y sus bendiciones para conmigo. Esto es lo que hace tu Padre celestial cuando tú le adoras y reconoces día a día. Él aumenta más y más sus bendiciones para ti. La Biblia dice en Lamentaciones 3:22-23: «Por la misericordia de Jehová no hemos sido consumidos, porque nunca decayeron sus misericordias. Nuevas son cada mañana; grande es tu fidelidad».

Venga tu reino, hágase tu voluntad, como en el cielo, así también en la tierra

Esta es la tercera necesidad de oración cada mañana al levantarte. El que sabe que tiene un Padre celestial, y lo reconoce en todo momento, entonces tiene derecho de bajar del cielo a la tierra todo lo que necesita. Tienes que saber que la casa de Dios es el cielo y que nuestra casa provisional es la tierra. Nunca podremos comparar la tierra con el cielo, porque la gran diferencia es que en la casa del Padre celestial hay «TODO» lo que necesitamos.

Ahora, si Jesús nos enseña esta necesidad de oración es porque nos está dando el privilegio para que todos los días bajemos de la casa del Padre todo lo que necesitamos. Piensa, ¿qué necesitas ahora mismo de la casa del Padre? Necesitas amor, pues bájalo ahora mismo a tu casa. Necesitas sabiduría, bájala ahora mismo en el nombre de Jesús. Cuando oras: *Venga tu reino, hágase tu voluntad, como en el cielo así también en la tierra*, lo que estás diciendo es: «Señor, que todo lo que está pasando en el cielo venga a mi casa. Señor, que todo lo que hay en tu corazón para mí, baje a mi vida, en el nombre de Jesús, Amén».

En mi libro anterior titulado *Vivir Expuesto* relato extensamente y de manera biográfica el testimonio del milagro que Dios hizo en mi vida cuando era solo un niño. Puedo reconocer por experiencia que si estoy vivo, es gracias a Dios y a mis padres, que supieron bajar de la casa del Padre la sanidad para mi cuerpo.

Por favor, aférrate de esta tercera necesidad de oración y detente por un momento de leer, y comienza a bajar de la casa del Padre a tu casa lo que tú necesitas. Prepárate, porque cuando la provisión de tu Padre baje y toque la plaza, transformará la atmósfera de la misma. ¡Bendito sea Dios!

El pan nuestro de cada día, dánoslo hoy

Esta debe ser tu cuarta necesidad de oración todas las mañanas. Si Dios puso esta oración como una necesidad, entonces no nos debe dar vergüenza, y a la hora de pedirle a Dios debemos reclamarle que supla el pan de cada día. Esta cuarta oración es para que la hagamos todos lo días. No se hace solo cuando estás en un aprieto económico sino que se realiza también en la abundancia. Tienes que vivir como un mayordomo de las cosas que recibes de parte de Dios para que tu trabajo sea solo cuidar y administrar bien lo recibido. Dios es el dueño de lo que posees porque de su mano vino. Si bien es cierto que hay que trabajar para comer, también es cierto que él es quien bendice la obra de nuestras manos. Esto quiere decir que de él proviene la salud para que nosotros podamos trabajar, y también de él viene la bendición para que los frutos de la obra de nuestras manos se multipliquen.

Siempre es bueno hacer esta cuarta oración por los hermanos que se sientan a tu lado en la iglesia, por los compañeros en el trabajo y definitivamente por tus vecinos. No abandones esta oración de provisión por tu prójimo. Es más, pídele a Dios que te haga sensible a su voz porque posiblemente tú puedes ser el instrumento que él use para provisión de alimentos a alguien que lo necesite.

Un nombre que se le atribuye a Dios es *Jireh*, que quiere decir *Proveedor*. ¡Dios es tu proveedor! Esto es algo que debemos de entender como familia. Nuestra provisión viene de Dios y no de nosotros. Nosotros somos mayordomos de lo que él nos ha dado. Tal vez te preguntes: «¿Será Dios capaz de sacarme de mis deudas?». ¡Claro que sí! Porque él es un Dios misericordioso, y la misericordia funciona precisamente para sacarte de entre la espada y la pared. Pero cuando Dios te ayude a salir de las deudas, por favor no vuelvas a endeudarte. Recuerda que él desea que haya pan en tu mesa y en abundancia.

Siempre recuerdo una oración que me enseñaron en la escuela cuando era niño, la cantábamos antes de comer:

//Gracias damos Señor, por el pan//
Pon el pan espiritual que alimenta a cada cual
y también pon el pan material, Amén.

Nunca se me va a olvidar esta canción. Para aquel entonces, mis maestros querían enseñarnos el hábito de dar gracias siempre por los alimentos. Cuando das gracias, adviertes que alguien se esmeró para que tú comieras. Ese alguien es nuestro Dios. Cuando tú oras *El pan de cada día, dánoslo hoy* es como si te sentaras en la mesa y le pidieras a Jesús que viniera a servirte. Asegúrate de enseñarles a tus hijos a dar gracias siempre por los alimentos. La generación de la undécima hora está segura que allí, en la plaza, recibirán provisión de alimentos para ellos y para sus familias. Sobre todo saben que Dios bendecirá y multiplicará los talentos de sus manos.

Si has esperado tanto en la plaza es porque sabes que vale el esfuerzo. Es porque sabes que tus talentos serán multiplicados por Dios de tal manera que tendrás que hacer graneros para almacenar tanta provisión.

Ora ahora mismo esta cuarta necesidad y pídele a Dios que supla el pan para tu mesa. Pon tus manos sobre la nevera y las alacenas de comida. Ora a Dios que multiplique la obra de tus manos para que sean aun más llenas de provisión.

Una de las cosas más gratificantes de la vida es enseñarle a tus hijitos desde temprana edad a darle gracias a Dios por los alimentos, porque aparte de que sus oraciones son hermosas, les estás enseñando que sus vidas dependen de Dios, no importando lo exitosos que sean en la vida.

Y perdona nuestras deudas, como también nosotros perdonamos a nuestros deudores

Esta es la única necesidad de oración que está condicionada, por la sencilla razón de que a Dios le es fácil perdonarte, pero se le hace difícil obligarte a ti a que perdones a alguien más. Es por eso que Dios dice en la Biblia en Mateo 6:14-15: Porque si perdonáis a los hombres sus ofensas, os perdonará también a vosotros vuestro Padre celestial; mas si no perdonáis a los hombres sus ofensas, tampoco vuestro Padre os perdonará vuestras ofensas».

Si Jesús puso el perdón como una necesidad de oración es porque él sabe que no somos perfectos y por esa razón podemos herir a alguien o viceversa. Cada mañana debemos pedirle a Dios que active su perdón sobre nosotros para así aprender a vivir sensibles para identificar cuando debemos perdonar o pedir perdón. Aunque se oiga difícil, si no perdonas a tu prójimo tampoco el Padre te perdonará a ti.

Esta oración condicionada es un buen adiestramiento para mantenernos con un corazón limpio y una conciencia transparente. El ejercicio consiste que por cada situación que tú quieres que Dios te perdone, busques primero en tu mente si existe alguien a quien tienes que perdonar. De esta manera vivirás espiritual y emocionalmente saludable. Aprovecha el tiempo de la plaza para revisar tu mente y verificar si hay alguien a quien tienes que perdonar.

También practica siempre el perdón, aprende a pedir perdón por lo más insignificante. Por ejemplo: «Mi amor, perdóname porque se me olvidó botar la basura», «Mamá, perdóname se me olvidó ordenar mi cuarto», o «Perdóname, se me olvidó llamarte por teléfono». Esta práctica te preparará a quebrantar tu orgullo y a estar listo para pedir perdón y perdonar a otros. ¡Qué importante es cubrir esta quinta necesidad de oración, porque el perdón nos hace libres!

Y no nos dejes caer en tentación

La sexta necesidad de oración debe acompañarte todos los días de tu vida. Todos, sin excepción, estamos propensos a fallar. No existe nadie que pueda tener síndrome de Superhombre o Supermujer, por eso es necesario presentar ante Dios nuestra necesidad de ser cubiertos por él. La primera parte de esta oración dice: *Y no nos dejes…*

Esta frase demuestra el reconocer que sin la ayuda de Dios somos impotentes ante la tentación. La respuesta de Dios a nuestra petición en esta primera frase es llenarnos con su Espíritu Santo de tal manera que el Consolador funcione en nosotros como un semáforo que nos indique el camino que debemos de seguir. Es imposible que alguien ceda a la tentación si está conectado al Espíritu Santo. Cuando me refiero a estar conectado es porque sencillamente nuestra decisión es vivir apegados al Espíritu Santo y permitirle que gobierne nuestros pasos.

En una ocasión escuché a un hombre confesar que cedió a la tentación y que le fue infiel a su esposa con otra mujer. Lo que más me impresionó fue la explicación que dio acerca del por qué fue débil ante la tentación. «Me separé del Espíritu Santo», dijo. Seguido a esta verdad, quebrantado comenzó a pedirle perdón a Dios y se arrepintió de su pecado. Yo no tengo duda que en ese mismo momento Dios lo perdonó y el Espíritu Santo lo abrazó. Porque el que confiesa su pecado alcanza misericordia de Dios y de la gente. Lo único que te va a frenar ante la tentación es la guía del Espíritu Santo. La tentación no proviene de Dios, es algo completamente del maligno. La tentación es un estímulo que induce a obrar mal. La salida a la tentación no es detenerse a reprenderla, sino huir de ella. No puedes jugar con la tentación, porque si lo haces te va a destruir.

Mujer, ten cuidado con ese compañero de trabajo que te está hablando mucho. A lo mejor has dicho expresiones como: «¡Wow, si mi esposo fuera como este compañero de trabajo!».

¡Cuidado! Ese es un indicio para salir corriendo. Tu mejor amigo es tu esposo, con sus defectos y virtudes, pero fue el hombre que Dios puso en tu camino y con el que decidiste casarte. Además, te ama, te respeta y te admira mucho.

Hombre, no coquetees con el pecado. Renuncia ahora mismo a la «amistad» femenina que supuestamente no te está haciendo daño, pero la verdad es que te has esmerado por darle un trato especial a diferencia de tus otras compañeras de trabajo. ¡Cuidado! ¡Huye! En casa te espera tu mejor amiga, tu esposa, la mujer que lo ha dado todo por ti, la que creyó en ti cuando no eras exitoso. La que prestó su belleza corporal para procrear a tus hijos sin escatimar perder por un tiempo parte de su belleza física solo por hacerte feliz a ti. Hombre, nadie te amará, te escuchará y te valorará como tu esposa.

Dos de las barreras más grandes que un matrimonio puede levantar ante la tentación son:

1. el cubrirse en oración
2. una buena comunicación

El ceder a la tentación puede llevar a un individuo a poner en vergüenza su nombre, el de su familia y el de Dios. Por favor no pisotees la sangre de Cristo. A ti joven: «Huye también de las pasiones juveniles» (2 Timoteo 2:22).

La Biblia dice la palabra *juveniles* haciéndote saber que hay más etapas importantes delante de ti como la adultez y la vejez. En estas dos etapas ya tú no serás guiado, sino que te tocará a ti guiar a tus hijos, y de seguro les querrás dirigir de la mejor manera. Pues para lograr esto, la Biblia te aconseja que al huir de la tentación estás marcando tu juventud positivamente, para que la misma sea el fundamento que sostenga tu futuro.

En una ocasión, un joven me preguntaba qué hacer ya que en ese momento estaba siendo tentado consecutivamente. Le contesté que la tentación nunca se iría de su alrededor, pero lo que sí le aconsejé es que viviera ignorando la tentación. Ella perderá fuerza en la vida de alguien que constantemente la ignora. La Biblia dice en Santiago 4:7: «Resistid al maligno y huirá de ti». Si eres un soltero adulto, sé fiel, no le sigas el juego a la tentación. Si has llegado hasta aquí y has guardado tu integridad con tu principal novio(a), que es Jesucristo. No dañes todo este tiempo de espera, sigue siendo fiel, que de seguro nunca es tarde para que Dios bendiga el anhelo de tu corazón. Recuerda siempre que la tentación trata de entrar al hombre por la vista y en la mujer por la audición. Así que un ejercicio bueno antes de salir de tu casa en la mañana es que coloques tus manos sobre tus ojos, o si eres mujer en tus oídos, y ores esta quinta necesidad de oración: «Señor, guarda mi vista y/o lo que oigo y no me dejes caer en la tentación, en el nombre de Jesús, Amén».

Por último, recuerda no ser respetuoso ante la tentación. Compórtate firme y cortante. Recuerdo como hoy, el primer viaje que hice sin Shari debido a que estábamos cursando el octavo mes de embarazo. Esperábamos el nacimiento de nuestro hijo mayor Isaac Daniel. Digo la palabra «estábamos» porque lo hicimos los dos. Sentado en el avión extrañaba tanto a mi esposa que arranqué un pedazo de papel y comencé a componer la canción *Te extraño,* que grabé en mi primer disco compacto titulado *Solo tu gracia.*

Ese día, cuando llegamos al lugar del concierto, mis músicos y yo esperábamos en la parte de atrás del escenario esperando a que nos presentaran, cuando de repente una joven adulta se acercó a nosotros y colocó su mano en mi hombro izquierdo mientras hablaba con nosotros. Prontamente percibí sus malas intenciones y cortantemente le pregunté:

—¿Va a orar por mí?

—No, claro que no —contestó.

—Entonces, quíteme la mano de encima ahora —respondí.

Uno de mis músicos me dijo:

—¡Daniel! ¿No crees que fuiste mal educado con esa joven?

—No, no lo fui, simplemente estoy poniendo límites —contesté.

Los límites respetan y guardan tu privacidad y la de tu familia. Para poner límites que protejan la salud emocional de tu familia, tienes que ser firme y cortante, y sobre todo tienes que aprender que tus límites no se negocian.

Señor, líbrame de la tentación. Asegúrate repetir bien esta parte de la oración en la plaza, porque cuando llegue tu momento de ser exhibido por Dios al mundo, es muy probable que estés aun mucho más expuesto a la gente y a las tentaciones malignas que ofrece.

Apégate más que nunca al Espíritu Santo, huye de la tentación y vive ignorándola en el nombre de Jesús. ¡No te muevas de la plaza! Sigue esperando en Dios y disfruta del gran beneficio que es la oración.

Mas líbranos del mal

Esta tiene que ser la séptima oración todas las mañanas al levantarte. ¡Qué bueno es pedir y sentir la protección de Dios porque nos permite caminar seguros! Sé consciente del peligro que te rodea pero no vivas con miedo. Cuando temas porque el peligro te puede tocar, ora y pídele al Señor que te proteja. Él es nuestro refugio y nuestra seguridad, es nuestro amparo y fortaleza. La protección no está basada en una urbanización con sistema de control de acceso para vivir. La protección consiste en que Dios es mi protector sin importar en qué lugar yo me encuentre ahora mismo ni el sitio donde viva.

El Salmo 23:4 dice: «Aunque ande en valle de sombra de muerte, no temeré mal alguno, porque tú estarás conmigo; tu vara y tu cayado me infundirán aliento».

A Dios le gusta protegernos y defendernos de todo lo malo. Cada mañana pídele que te libre de todo individuo violento. Ora a Dios que te libre de todo robo, de todo accidente automovilístico o de cualquier índole. Pídele a Dios que te libre del estrago y la pestilencia. No estás solo. La Biblia dice: *«El ángel de Jehová acampa alrededor de los que le temen y los defiende»*. No importa donde te encuentres, siempre tendrás protección.

Dios desea que te acuestes, te levantes y vivas confiado en que él te guarda. Uno de mis escritos bíblicos favoritos que no dejo de repetir todas las noches es el Salmo 4:8 porque dice: «En paz me acostaré, y asimismo dormiré porque solo tú, Jehová, me haces vivir confiado».

En muchas ocasiones este poderoso Salmo ha calmado algunos miedos y ansiedades en mí. Uno de esos miedos fue el temor a morir en un accidente aéreo, ya que debido a mi actividad viajo mucho en avión.

Un día, después de haber viajado muchas veces, me desperté angustiado por una turbulencia fuerte que atravesaba el avión en donde me encontraba. Lo primero que pasó por mi mente fueron los nombres de: Shari, Isaac, Natán y Daniela. Por primera vez temí mucho faltarles y dejar a lo que más amo después de Dios, mi familia. Rápidamente miré para la ventana, luego miré a mi alrededor y entendí que estaba encerrado dentro de un gigante aparato mecánico. Impotente ante la situación, cerré mis ojos y pronuncié el nombre que es sobre todo nombre, nombre a quien el mar le obedece y ante quien la tempestad se calma: «¡Jesús! ¡Protégeme!».

Al invocar el nombre de Jesús, instantáneamente el Espíritu Santo puso en mi mente «Salmo 4:8» y con solo repetirlo una sola vez sentí que la paz de Dios me cubrió. Oí la voz de Dios que me decía: «Tranquilo, todo va a estar bien. Yo cuido de ti y de los tuyos. Todavía tienen mucho por hacer». ¡Gloria a Dios!

Aquel avión siguió moviéndose a causa de la turbulencia, pero yo seguí durmiendo placidamente, como cuando uno de nuestros hijitos se duermen profundamente en nuestros brazos. ¡Esa es la paz de Dios que sobrepasa toda tormenta!

A raíz de este salmo, Dios me dio una canción que bendice a muchas personas en el mundo. La grabé en mi cuarto disco y lleva por nombre *En paz*.

¡No te muevas de la plaza! Empápate del beneficio de la oración. La generación de la undécima hora recibirá protección de Dios en la plaza. Ellos serán librados de todo peligro, porque Dios los protege y porque cuenta con ellos.

Porque tuyo es el reino, el poder y la gloria, por todos los siglos, Amén Todas las mañanas esta es tu octava necesidad de oración. Jesús puso esta oración como una necesidad porque él quiere asegurarse de que tú y yo no creamos que todo lo que tenemos, hacemos y vemos es gracias a nuestro esfuerzo. Necesitamos darle honra y gloria a Dios por todo y en todo. Es gracias a él que tenemos todo lo que necesitamos. Es por su poder que todo crece y se desarrolla.

Nuestra octava oración es pedirle a Dios que abra nuestro entendimiento para que cada vez que pensemos en su nombre, tengamos la visión de que él es soberano, que él es rey del universo. Él es tan grande y majestuoso que no lo podemos entender con nuestra mente lógica. Él es más grande de lo que podemos imaginar. Posee el dominio de todo lo que se mueve, y una hoja de un árbol no vuela si él no lo permite.

En muchas ocasiones, esta oración hay que hacerla en la noche, frente al mar, porque sentirás su gran poderío. Él es el que le ha puesto límite a un inmenso mar para que no pase hacia la tierra seca. Él es el que controla la potencia del viento que sopla con fuerza en tu cara. Él es el que ha adornado la noche con una gran constelación de estrellas y con una radiante luna. Ha llenado el universo de planetas y al día le creó un impetuoso sol muy brillante. No hay ningún dios que se compare a nuestro Dios todopoderoso y el creador del universo. Nunca se terminará su reino. Él es, y fuera de él nada ni nadie. ¡Gloria a Dios!

Él es el Verbo y todas las cosas fueron hechas por su Palabra. Prepárate, porque viene a promovernos de la plaza. Es soberano, grande, majestuoso y todopoderoso. Él es quien con su brazo fuerte te tomará de la mano, te levantará y te exhibirá al mundo para la gloria de su nombre. Prepárate porque él hará contigo lo que nunca imaginaste que harías, prepárate porque verás lo que nunca pensaste que verías. ¡Vale el esfuerzo de esperar en la plaza! Porque no estás esperando por cualquier hombre, levanta tu mirada, limpia tus vestidos, péinate, porque tu hora se acerca, viene por ti el Rey de reyes y Señor de señores, quien te exhibirá al mundo con poder y autoridad.

También pondrá el denuedo de su Palabra en ti para que el mundo te oiga, y te llenará de favor y gracia. Los portones que él abra frente a ti nadie podrá cerrarlos, y los portones que él cierre detrás de ti, nadie podrá abrirlos.

La gente adorará a Dios a causa de su gloria en ti: «Santo, Santo, Santo es el Señor.» Todo el mundo tiene que doblar sus rodillas y confesar que ¡Jesucristo es el Señor! Porque tuyo es el reino, el poder y la gloria por todos los siglos, Amén».

Creo que tienes una buena lista en tus manos, llena de necesidades de oración establecidas por el mismo Jesús. Estas van a ampliar tu tiempo de oración. Lo único que te voy a pedir es que tengas siempre ese listado cerca de ti, porque seguramente hay muchas más razones por qué orar, y mientras las vas conociendo apúntalas y aplícalas. De esa manera seguirás extendiendo tu vida de oración.

El aprender a escuchar la voz de Dios y disfrutar hablarle a él en oración definitivamente son dos poderosos beneficios que cultivamos en la plaza.

En paz

Letra y música: Daniel Calveti

En paz me acostaré y así mismo dormiré
Porque solo tú, Señor, me haces vivir confiado.
Quién me libra del temor, Quién me quita la ansiedad
Si no eres tú,
Quién me abraza con su amor,
Quién me da de su perdón
Sino eres tú.

Tomado del álbum musical «En paz» ©2008

CAPÍTULO X

¿CÓMO SÉ QUE ESTOY LISTO PARA SER ROTADO DE LA PLAZA?

¿Cómo sé que estoy listo para ser exhibido por Dios al mundo para su gloria?

A una jovencita que cursaba el octavo grado de primaria en la escuela le preguntaron: «¿Qué profesión quieres tener cuando seas grande?». «Quiero ser una doctora, para curar a los enfermos» contestó rápidamente. No obstante mientras siguió estudiando y pasaba de grado en grado, crecía en estatura y conocimiento.

Un día, finalizando la escuela, a punto de ingresar a la universidad, le volvieron a hacer la misma pregunta: «¿Qué profesión quieres tener?». Ella respondió: «Antes quería ser una doctora, pero en el transcurso para llegar aquí comenzaron a pasar por mi mente muchos pensamientos que tenían que ver con la planificación de estructuras y medidas. Me di cuenta que casi todo lo que dibujaba eran edificios y monumentos que tenían una configuración exacta. De hecho, una de mis mejores calificaciones era en la clase de arte y diseño. Por eso entendí que yo quiero ser una arquitecta, aunque sé que ahora debo seguir preparándome para llegar allí».

La Biblia dice que: «Dios es el que en vosotros produce así el querer como el hacer, por su buena voluntad» (Filipenses 2:13). Sin embargo, para querer algo, Dios primero tendrá que mostrártelo en tu mente al igual que el ejemplo anterior. Tal vez por mucho tiempo no has sabido con exactitud cual es el lugar en el que Dios te quiere, o que desea que hagas. Pero tengo noticias para ti: Prepárate porque estás a punto de ser promovido de la plaza. Por fin está llegando ese momento en el que serás rotado a esos salones exclusivos como los que yo vi en el museo de Louvre. Allí Dios te exhibirá y todo el mundo querrá ver lo que Dios está haciendo contigo.

El *primer indicio* para saber que estamos listos para ser rotado de la plaza, es que *comenzarán a pasar por tu mente proyectos, ideas y pensamientos de manera consecutiva sobre algo específico*. Una cosa es ser talentoso y otra cosa es saber para qué específicamente vamos a usar nuestro talento. Al ser talentoso puedes pensar y hacer varias cosas a la vez, y esto te puede hacer creer que estás cumpliendo un propósito. Sin embargo no te estoy hablando de eso. A lo que me refiero es que cuando Dios te cautiva y te apasiona con algo específico, entonces no tendrás tiempo para pensar en nada más, porque todos tus talentos, tus fuerzas y tus anhelos están enfocados allí. También querrás saber el norte para llegar a tu meta, y entonces comenzarás una gran travesía a fin de cumplir lo que Dios ha puesto en tu mente y corazón.

Estos proyectos que Dios pondrá en tu corazón te asombrarán porque nunca antes habían pasado por tu mente, y hasta creerás haber perdido la cordura porque nunca te imaginaste como candidato para ponerlos por obra. Harás preguntas como: ¿Señor, estás seguro que estás hablando conmigo? Señor, mírame donde estoy ¿No te habrás equivocado de persona? Cuando un proyecto específico de Dios toca nuestra mente, es allí donde nos damos cuenta de una de estas dos cosas: que realmente no éramos tan talentosos como pensábamos, o que le poníamos límites a nuestros talentos.

Dios se va a asegurar contundentemente de hacerte saber que tu tiempo en la plaza se terminó. Él va a atravesar los límites que tú mismo te habías puesto y te demostrará que por encima de ellos «Todo lo puedes en Cristo que te fortalece» (Filipenses 4:13).

Moisés nunca pensó que a alguien tartamudo como él, que se encontraba en una plaza llamada desierto, Dios lo levantaría para liberar al pueblo de Israel de la mano del faraón. ¡Wow, Dios está listo para sorprenderte! ¡Gloria a su Nombre!

David es un hombre que en sus comienzos refleja la generación de la undécima hora. Él se encontraba en una plaza llamada desierto donde pastoreaba ovejas. El anhelo de David era estar con sus hermanos en el campo de batalla peleando contra los filisteos, pero no era su tiempo.

Me imagino que un día, mientras David estaba en la plaza, comenzaron a llegar a su mente ideas de parte de Dios que nunca antes había tenido, como por ejemplo: «David, en el tiempo que has pastoreado estas ovejas has recibido mucha preparación. Estas ovejas representan personas sobre las cuales tú vas a ser su rey y a quienes pastorearás». Creo que David debe haber respondido: «Señor, ¿estás seguro de lo que estás diciendo? Yo solo soy un simple pastorcito de ovejas». David estaba atónito con este pensamiento. Creo que uno de los pensamientos contundentes de Dios para David fue:

—David, estas canciones que me has compuesto y cantado en la plaza, las cantarán de generación en generación, y traerán bálsamo de alivio a las personas, así como cuando tocaste para Saúl.

— Pero Señor, ¿cómo es posible que conocerán estas canciones, si los únicos que las hemos oído somos tú y yo? —seguramente contestó David. Probablemente estaba sorprendido por todo lo que estaba pasando por su mente. No obstante se cumplió todo esto. Él llego a ser rey y sus canciones son los Salmos de la Biblia, algunos de los cuales actualmente cantamos en nuestras congregaciones y con nuestra propia melodía. Por ejemplo:

Él Señor es mi Pastor y nada me faltará
Junto a aguas de reposo me pastoreará
Confortará mi alma, me guiará por sendas
de justicia, por amor de su Nombre (Salmo 23).

Es probable que tú también estés experimentando ideas convincentes en tu vida, de parte de Dios. Te levantaste una mañana y comenzaron a pasar por tu mente y desde entonces no se han ido. Quiero decirte que esos proyectos no provienen de ti sino de Dios, esto lo entiendes porque sabes que no tienes el poder y la gracia para hacerlos realidad. Sabes que el único que los puede hacer realidad y darle crecimiento es Dios. Además, todo lo que Dios está poniendo en ti es para marcar la generación en la que vives, y por consecuencia la que continúa. No temas, es el Padre de familia que está próximo a rotarte de la plaza.

Pienso que la vida de David no fue la misma desde el momento en que Dios comenzó a proyectarle en su mente y corazón los planes que tenía con él. De la misma forma tu vida no será igual. Así como no puedes tapar el sol con una mano, tampoco podrás levantarte ni un solo día tratando de tapar los objetivos que Dios tiene contigo. Dios ha puesto más que nunca su mirada sobre ti porque eres el próximo en la lista para ser exhibido al mundo para su gloria. Tu tiempo de brillar se acerca. Dios quiere usarte como ejemplo para el mundo. Por favor, dale gracias a Dios por todo el proyecto que está poniendo en tu mente y corazón, porque es la primera muestra que estás listo para ser promovido de la plaza. ¡Gloria a Dios!

El *segundo indicativo* para saber que estás preparado para ser rotado de la plaza es *que comienzas a tener fe en el proyecto que Dios está colocando en tu mente.* «La fe es la certeza de lo que se espera, la convicción de lo que no se ve» (Hebreos 11:1). Esto quiere decir que estás listo para salir de la plaza porque comienzas a creer que recibirás lo que Dios te está mostrando. La Biblia dice en el libro de Hebreos 11:6ª que *«sin fe es imposible agradar a Dios»*. En otras palabras, será imposible que salgas de la plaza si no crees en los planes futuros que Dios está poniendo en tu corazón.

El libro de Lucas 5:18-19 nos enseña dos cosas que la fe puede hacer en una persona:

Vive convencido de que Dios lo hará. *«Y sucedió que unos hombres que traían en un lecho a un hombre que estaba paralítico...»* (v. 18ª). En este pasaje, la Biblia relata la historia de unos hombres que se atrevieron a llevar a un amigo paralítico ante Jesús para que lo sanara. Para que estos hombres hicieran esto, estaban convencidos de que Jesús sanaría a su amigo. La fe de estos individuos era muy grande, porque el paralítico llevaba mucho tiempo padeciendo esta condición, por lo que ya estaba resignado a morir así. La fe en ti hará que revivas lo que esta resignado en tu vida, en el nombre de Jesús. Es probable que estés viviendo resignado a la plaza, pero permíteme decir que eso se termina desde el momento en que Dios te muestra los planes que tiene contigo fuera de la plaza. Entonces no verás nada imposible porque la fe te convencerá que Dios todo lo puede. Ponte a pensar por un momento que el amigo de estos hombres atrevidos no tenía un dolorcito momentáneo de cabeza, ni le dolía una uña del dedo pulgar del pie. ¡Estaba paralítico!, lo cual es una enfermedad muy difícil de sanar para el hombre. Esto quiere decir que estos hombres de fe no podían jugar con los sentimientos del paralítico dándole la esperanza de que sería levantado de su enfermedad. Ellos tenían que estar sumamente convencidos de que Jesús lo sanaría. Tú sabes que estás listo para salir de la plaza porque tu convencimiento de lo que Dios te está mostrando es más grande que cualquier pensamiento de estancamiento. En una ocasión escuché a un buen predicador que hizo una declaración que me impactó mucho porque demostraba lo convencido que estaba en el poder de Dios. El dijo: «Si Dios lo dice, yo lo creo; si yo lo creo, él lo hace; y si él lo hace, hecho está». Si tú estás convencido en que no hay nada imposible para Dios en tu vida, entonces debes felicitarte a ti mismo porque eso quiere decir que has dejado de darle importancia a los obstáculos de la vida. La fe es comparada con el tamaño de un grano de mostaza, suficiente como para mover un monte gigante. En esta etapa en que estás a punto de ser rotado de la plaza, Dios no necesita de parte de ti mucho esfuerzo sino que creas tan solo un poquito, y entonces él hará el resto. ¡Bendito sea el Señor!

La convierte en rompe techos: «*...Pero no hallando cómo hacerlo a causa de la multitud, subieron encima de la casa, y por el tejado le bajaron con el lecho, poniéndole en medio, delante de Jesús*» *(v. 19)*. Hubiera sido muy triste que estos hombres le hubieran dado la noticia a su amigo paralítico de que no se podía llegar a Jesús a causa de la multitud. ¿Te imaginas lo mal y decepcionado que se hubiera sentido el paralítico? Permíteme hacer un paréntesis para decirte que Jesús nunca jugará con tus sentimientos. Lo que te ha prometido, él lo va a cumplir. Él no te va a desilusionar, recuerda que él es Dios verdadero. Él no practica la mentira.

La fe hizo que estos hombres fueran valientes y además los hizo ver las cosas que no son como si fuesen. Cuando tú estás plenamente convencido que Jesús tiene poder para operar milagros sobre ti, entonces no te importará arriesgarte y convertirte en un rompe techos. Estos hombres llenos de fe subieron por encima de la casa donde Jesús se encontraba, y sin medir las consecuencias rompieron el techo para bajar a su amigo paralítico ante Jesús. La Biblia dice que cuando Jesús vio la fe de ellos, perdonó los pecados del paralítico y sanó su enfermedad.

Jesús no se niega a operar milagros en una persona que es un rompe techos. El hecho de que tú hayas permanecido en la plaza hasta ahora te hace un rompe techos, y tan solo por esa actitud Jesús no puede cohibirse de hacer milagros para ti y los tuyos y bendecirte en gran manera. Un «rompe techos» es alguien que persiste con fe y no deja de insistir hasta alcanzar lo que quiere. Es una persona que sabe correr la milla extra, que traspasa los límites de la fe si es que hay alguno. Tú sabes que estás listo para salir de la plaza porque estás dispuesto a romper el techo con tal de recibir milagros de Dios. Estás totalmente convencido que en el nombre de Dios harás proezas. Te aferras sin dudar a que sí se va a cumplir el plan para tu futuro que Dios te está mostrando en la plaza.

El *tercer indicativo* para saber que estás preparado para salir es que *Dios usará una situación como excusa para sacarte de la plaza.*

Si Dios te llegase a mostrar el plan completo que tiene contigo en su máxima expresión, es muy probable que te asustes tanto que querrás mudarte a otra plaza. Es por eso que Dios tendrá que usar una situación como excusa para sacarte de tu posición actual.

El libro de 1 Samuel 17:17-18 relata que Isaí, el padre de David, envió a su hijo a llevarle una efa de grano tostado y diez panes a sus hermanos que estaban en la guerra peleando contra los filisteos. David nunca pensó que este mandado le iba a cambiar la vida para siempre. Recordemos que el trabajo de David era ser pastor de ovejas en una plaza llamada desierto. Aunque él quería estar en el campo de batalla con sus hermanos, no podía porque su padre no se lo permitía. De manera que el único pretexto que tuvo David para ir a la guerra era llevarle alimentos a sus hermanos, y de esa manera asegurarse que estuvieran bien. Por otro lado su papá, aunque sabía que David tenía algo especial a causa de haber sido ungido por el profeta Samuel, nunca se imaginó que esa encomienda sacaría a David de la plaza. El segundo propósito del mandado de David consistía en asegurarse que todo estaba bien con sus hermanos, esta era la llave para que provocara a David a actuar.

Para sacarte de la plaza Dios usará una situación como excusa, porque su propósito es usarte para que seas sensor de tu generación. Una vez que comprendas la gran necesidad de tu generación, entonces esto te impulsará a actuar.

Recuerdo que una vez me invitaron a ser parte de un día nacional para recaudar fondos para una entidad de niños. Esta entidad pertenece a una empresa muy grande de comida rápida. Mi labor ese día era despachar las órdenes de comida a través de una ventanilla a los que hacían el pedido desde sus automóviles. Mientras ellos esperaban recibir lo que habían ordenado yo aprovechaba de pedirles que contribuyeran para la causa de dicha entidad. Yo fui con el objetivo de ayudar a recolectar fondos para esta organización, pero realmente el propósito de Dios era que yo sintiera la necesidad de la gente que me rodea.

Resulta que una vez que las personas aportaban para la causa benéfica, ellos y yo teníamos que esperar unos minutos hasta que estuviera lista la orden de comida. En ese lapso de tiempo simplemente me quedaba viéndolos cómo actuaban. Algunos impacientemente aprovechaban para revisar sus facturas de agua, luz y teléfono, que al parecer acababan de recogerlas en el correo. Otros demostraban lo ansiosos y preocupados que estaban mientras hablaban por teléfono. Algunos se olvidaban que yo estaba allí mirándolos y escuchando todo, y peleaban con el pasajero que llevaban a su lado diciéndose cosas ofensivas. También observé una señora que perdió el control y se puso muy nerviosa al ver que le habían puesto un refresco de más en su orden. Esto era algo muy irrelevante, no obstante me di cuenta que el problema no era un refresco de más sino el reflejo de la acumulación de los problemas que ella tenía. En fin, de sesenta personas que atendí, solo dos se veían alegres y disfrutando su día. Ese día regresé a casa muy triste y cargado por lo que vi y escuché; y entonces oré: «Dios mío, esta es mi gente, son las personas que me rodean día a día. Ellos necesitan que tú seas parte de su día. Señor, algo tengo que hacer para que te conozcan».

Esa experiencia activó en mí el deseo de actuar y hacer algo por mi generación. Rápidamente miré lo que tenía en mis manos y me di cuenta que estaba a punto de comenzar a grabar mi cuarto disco, así que le pedí a Dios que me diera canciones que fueran un bálsamo de su paz y de su amor sobre la gente. Principalmente que estuviera lleno de un lenguaje sencillo para que todo el que lo escuche lo pudiera entender.

Yo no sé que tipo de circunstancia Dios está usando ahora mismo como excusa para sacarte de la plaza, pero tú si sabes. Lo primero que te pido es que le obedezcas y no preguntes, solo ve y hazlo porque detrás hay un gran propósito para ti. Lo segundo es que le pidas a Dios un corazón lleno de compasión para que puedas sentir la necesidad ajena, entonces te darás cuenta que tienes que actuar. Recuerda, tú eres de los de la undécima hora, una generación que se hace responsable del tiempo en que vive y que está decidida, marcada con hechos positivos y radicales para la gloria de Dios. Jesús pudo sanar a muchas personas con el corazón quebrantado porque antes sentía compasión por ellos. ¡Bendito sea nuestro Señor Jesucristo, quien nos enseña cómo actuar para así bendecir a nuestra generación!

Dios me llevó desde Houston, Texas a Puerto Rico en diciembre de 1995 con la excusa de pasar las Navidades y vacacionar, para luego regresar a Texas, lugar en donde residía. Detrás de esa excusa Dios tenía el gran plan que desde ese mismo momento Puerto Rico fuera el lugar de mi residencia hasta hoy. Además, dentro de sus planes sabía que en esta hermosa isla del Caribe conocería a la que hoy en día es mi amada esposa Shari y donde también nacerían nuestros tres hijos. Dios usó aquella excusa porque él sabía que detrás de la misma emprendería un gran ministerio musical en mi vida. ¡Gloria a Dios! No saben cómo le agradezco que haya utilizado aquel viaje vacacional como excusa para sacarme de mi plaza.

¡Hazle caso a Dios! Es probable que en ese viaje que estás a punto de hacer conozcas a quien será tu esposo(a) o tal vez en la llamada telefónica que tienes pendiente por hacer se encuentre la oportunidad de trabajo que tanto haz anhelado.

Quizás deberías ir a ese retiro, o congreso al que te invitaron, porque allí puede ser que Dios te dé las directrices que necesitas para darle un nuevo impulso a tu negocio. Deberías hacerles caso a esas personas que te han recomendado tomar una consejería para solucionar el problema con tu hijo, porque realmente lo que Dios querrá es usar la consejería para sanar tu problema matrimonial. Hazle caso a tu hijita que te ha estado insistiendo para que invites a la familia pastoral a cenar a tu casa, porque probablemente ese día ellos puedan hablarle personalmente a tu esposo/a del amor de Cristo y entonces ese sea el día en que tú cónyuge le entregue su corazón a Jesús. Joven, ve y haz la prueba en el equipo de ese deporte que tanto te gusta, porque quizás allí estén presentes los directores del equipo nacional de tu país, y viéndote jugar te contraten para que representes a tu nación. En fin, recuerda que detrás de la obediencia hay bendición.

Espíritu Santo
Letra y música: Daniel Calveti

Espíritu Santo, revélame a Cristo
Yo quiero más de ti Señor, tú eres mi fuerza
Tú eres mi ayuda, sin ti no puedo más Señor
Yo te adoro, porque tú eres
Yo te adoro, porque tú eres
Yo te adoro, porque tú eres Santo.

Tomado del álbum musical «En paz» ©2008

CAPÍTULO XI

LA SALIDA DE LA PLAZA

¡Por fin! ¡Por fin! ¡Gloria a Dios! ¡Se terminó la espera en la plaza! —gritaba la generación de la undécima hora. En sus caras hay lágrimas de mucha alegría, con entusiasmo chocan sus manos. Muchos de ellos suben al vehículo de su patrón dando gritos de júbilo. Algunos que estaban en las afueras de la plaza y que habían visto su espera los aplaudían. Los que los señalaban durante el día y no creyeron en ellos estaban atónitos porque no aceptaban lo que estaban viendo.

A lo mejor te preguntas: ¿Cómo el padre de familia estaba seguro que los de la undécima hora iban a esperar por él? Precisamente él sabe mejor que nadie que la generación de la undécima hora se distingue por su capacidad de esperar por encima de cualquier adversidad. Además, él está conciente que los de la undécima hora saben que por él tener un corazón de padre es «Bueno» y su bondad no le permite dejar a nadie desamparado. Los de la undécima hora son la generación de las cinco de la tarde. Una generación que está compuesta por personas sensibles a los tiempos en que viven y se hacen responsables decidiendo participar con hechos radicales que marquen positivamente el mundo en que habitan.

Dice la Biblia en el libro de Mateo 20 que los de la undécima hora fueron contratados y trabajaron. El padre convino con ellos pagarles un denario, la misma paga de aquellos que habían trabajado desde la mañana.

Cuando llegó la noche, el mayordomo por orden de su Señor pagó la nómina del día. Y lo hizo exactamente como su patrón se lo pidió, desde los postreros hasta los primeros. Cuando los obreros que llegaron temprano a trabajar se dieron cuenta que le estaban pagando primero a los de la undécima hora y que ellos también recibían un denario, se enojaron mucho. Ellos pensaban que habían de recibir más. Comenzaron a murmurar contra el padre de familia diciendo: «Estos postreros han trabajado una sola hora y los has hecho iguales a nosotros, que hemos soportado la carga y el calor del día» (vs. 12).

El padre de familia le respondió a uno de ellos: «Amigo, no te hago agravio, ¿no conviniste conmigo en un denario? Toma lo que es tuyo y vete; pero quiero dar a este postrero, como a ti. ¿No me es lícito hacer lo que quiero con lo mío? ¿O tienes tú envidia, porque yo soy bueno?».

Una de las primeras cosas que el padre de familia hace al sacarte de la plaza es que le demostrará a todo el mundo que la última palabra en tu vida la tiene él. Los obreros de la mañana no entendían por qué el padre les pagaba lo mismo que a ellos si solo habían trabajado una hora. Por favor, pon tu mano en tu corazón porque lo que voy a decir es para ti: El padre de familia les pagó lo mismo porque él tenía que recompensar todo el tiempo que ellos esperaron en la plaza. ¡Hermano, vale el esfuerzo esperar! ¡Tu tiempo de bendición a granel ha llegado! No te asombres que el cielo se desborde de bendición para ti, ni tampoco te sientas inmerecedor.

Dios simplemente te va a bendecir grandemente porque quiere recompensar tu tiempo de espera en la plaza. A él nunca se le olvidará las desilusiones que sentiste cuando viste que contrataban a los turnos anteriores y a ti no. No se le olvidará los pensamientos de rechazo con que tuviste que luchar para guardar tu autoestima. Él nunca se olvidará de todas las lágrimas que derramaste en la plaza. Nunca ignorará las veces que le dijiste no al mundo por quedarte en la plaza esperando por él.

Él quiere premiar la actitud de arrepentimiento que tuviste el día en que sacaste tu pie del mundo y lo metiste con el otro en la plaza. Él nunca se olvidará de todas las burlas que soportaste de la gente que no creía que había un propósito para ti. Él te bendecirá mucho porque vio tu fidelidad, tu integridad y tu obediencia en la plaza.

Si hoy Dios te regalara una placa de reconocimiento yo creo que la titularía así:

«En honor a quien permaneció en la plaza
y esperó fiel a que yo regresara».

Disfruta las bendiciones de Dios, te lo mereces. La Biblia dice: «Si en lo poco me eres fiel, en lo mucho te pondré» (Mateo 25:21).

El padre de familia también dijo a estos hombres que trabajaron desde temprano: ¿No me es lícito hacer lo que quiero con lo mío? ¿O tienen envidia porque yo soy bueno?

Prepárate, porque Dios, al igual que el padre de familia, está afirmando que es el dueño de la obra. Él te llama «propiedad mía». Él hará contigo lo que le plazca porque eres propiedad de él. Cuando Dios te mueva de la plaza no desees lo que tienen otros que ya han sido exhibidos públicamente por él antes que tú. Eso se llama envidia. La envidia es «un disgusto por el bien ajeno o por el cariño o estimación de que otros disfrutan». La envidia no proviene de Dios. De hecho, Jesús estableció un principio bíblico que la quita totalmente de nuestra vida. Él dijo: «Mayores cosas de las que yo hice, ustedes harán» (Juan 14:12).

Él mismo puso esta ley divina para que tú no envidies a nadie. En otras palabras, si tú observas que Dios está usando de manera poderosa a alguien en el mundo, no lo envidies, alégrate por su bien y reconoce la gloria de Dios en su vida porque el próximo eres tú, y por ley divina vas harás mayores cosas.

Al envidiar estás limitando la visión de Dios en tu vida. Recuerda, tú eres un molde único. Eres una obra maestra y Dios te va a hacer brillar con luz propia para su gloria. Esta Ley divina que estableció Jesús también te hará entender que así como Dios hará grandes cosas contigo, aun más y más grandes cosas hará con la persona que viene después de ti. Este principio divino funciona en forma de cadena:

1. tú te alegras de ver a tu hermano haciendo grandes cosas para Dios.
2. luego tú haces mayores cosas para Dios.
3. sabes que la persona que viene después de ti hará mucho más que tú para Dios.
4. Tienes que vivir consciente que no importa cuan grande sea lo que Dios hará contigo, siempre la gloria es de él.

CAPÍTULO XII

EL PROPÓSITO DE LA GENERACIÓN DE LA UNDÉCIMA HORA

Para entender en qué consiste la generación de la undécima hora tenemos que observar lo que ocurrió con David en el momento en que llevó la comida que su padre les envió a sus hermanos.

Esto lo encontramos en el libro de 1 Samuel 17. Los alimentos que llevaba David para sus hermanos definitivamente fueron un pretexto que Dios usó, porque cuando David llegó al campo de batalla donde estaban sus hermanos los dejó a un lado en manos del que guardaba su equipaje. Aunque la comida pasó a un segundo plano, sin embargo produjo un ayuno forzado en los hermanos de David. El ayuno es una herramienta bíblica que nos ayuda a librar batallas espirituales. Nos ayuda a concentrar toda nuestra atención en la presencia de Dios. El ayuno es un alto que hacemos para que Dios envíe respuesta a nuestra petición. David encontró a sus hermanos y al resto del ejército de Israel amedrentados por un gigante llamado Goliat. Entonces David al oír las amenazas de Goliat dijo: ¿quién es este filisteo incircunciso para que provoque a los escuadrones del Dios viviente?

La generación de la undécima hora es la que Dios levanta para enfrentar las situaciones más difíciles de una generación o de un país. Estas situaciones representan al gigante Goliat. Sin embargo, los de la undécima hora salen de la plaza con una dimensión de Dios tan grande que no ven a los gigantes como gigantes, sino como incircuncisos que tienen que ser derribados.

Tú eres parte de la generación de la undécima hora. Estás diseñado para llevar libertad y esperanza en los momentos más críticos de tu nación. No escuches el comentario de la gente diciendo: «Todo está mal», «Esto se va a poner peor». Alégrate, porque sabes que cuando las cosas están tensas, allí Dios levanta un libertador. No veas las cosas como la mayoría de la gente, porque ellos las ven como gigantes imposibles de derribar. Enfréntate a las situaciones difíciles como incircuncisas que deben ser denunciadas y derribadas. La generación de la undécima hora demostrará ante los gigantes de una generación que hay un Dios y se respeta. David se presentó ante Saúl y dijo que él derribaría a ese incircunciso. Pero Saúl lo subestimó porque era un muchacho. Entonces David le contestó: «Tu siervo era pastor de ovejas de su padre, y cuando venían un león, o un oso y tomaban algún cordero de la manada, salía yo tras él y lo hería y lo libraba de su boca; y si se levantaba contra mí, yo le echaba mano de la quijada y lo hería y lo mataba».

Al igual que David, es hora que uses todo el aprendizaje que adquiriste en la plaza, porque esto será tu carta de presentación ante el mundo. Esta sociedad necesita modelos creíbles La gente está cansada de tanta habladuría y poca acción. Los tiempos en que vivimos están enfrentando tantos gigantes destructivos, que necesitamos a la generación de la undécima hora para que se levante a actuar en el nombre de Jesús. Que modelen los valores y principios que practicaron en la plaza. Que enseñen la fidelidad e integridad que los distinguió en la plaza. Que enseñen el secreto poderoso que hay en la oración. Que instruyan a esta sociedad a correr y persistir sin desmayar hasta alcanzar la meta, que es nuestro Señor Jesucristo. Que demuestren cómo permanecer firmes en los momentos difíciles. Que enseñen a esta generación a confiar en las promesas de la Palabra de Dios.

Si observas bien te darás cuenta que dentro de ti tienes mucho que ofrecer. No se trata de grandes proezas, porque esas las hace Dios, sino que tú sepas quién es Cristo. Dios usó a David porque él sabía en teoría y práctica quién era en Dios. Para que alcances victoria en el futuro debes pararte encima de las victorias que Dios te dio en la plaza porque ellas te servirán de fundamento para que confiadamente puedas decir: «Si Dios lo hizo en la plaza, también lo volverá a hacer fuera de la plaza». Siempre recuerda que para conquistar en el presente tienes que recordar las veces que viste su poder obrando en ti en la plaza. Conviértete en una voz en este mundo que grite: «Yo vi, palpé y saboreé el poder de Dios, y por eso sé que esta generación tiene esperanza, porque si me él cambió a mí lo puede hacer contigo también».

¡Vamos campeón! Saca todas las herramientas que obtuviste en la plaza y conquista a esta generación para la gloria de Dios.

A causa de tu llegada y del poder de Dios sobre ti, los gigantes tienen que caer porque se les terminó su tiempo de intimidación. No podemos permitir que los tiempos en que vivimos sean marcados por la intimidación del maligno. La generación de la undécima hora está decidida a que estos tiempos sean marcados por la gloria d Dios. No sé cual es tu posición, pero yo pertenezco a la generación de la undécima hora y estoy decidido a contarles a mis nietos y a los hijos de mis nietos que los tiempos de mi juventud y adultez fueron tiempos de gloria y de presencia de Dios. Les enseñaré que el éxito del hombre consiste en vivir para que Dios reciba gloria de todo lo que hagamos.

¡Usa el aprendizaje de la plaza, porque eso será tu carta de presentación y entonces el mundo creerá en ti! ¡Vive demostrando que hay un Dios todopoderoso y que se respeta!

La Biblia dice en 1 Samuel 17:49-50:

«Y metiendo David su mano en la bolsa, tomó de allí una piedra, y la tiró con la honda, e hirió al filisteo en la frente; y la piedra quedó clavada en la frente, y cayó sobre su rostro en tierra.

Así venció David al filisteo con honda y piedras, e hirió al filisteo y lo mató, sin tener David espada en su mano».

David derrotó a Goliat y lo hizo sin tener *espada en su mano*, una herramienta que todo guerrero necesaria para pelear. Sin embargo, David usó una simple honda y una piedra, demostrando que Dios tiene multiformes maneras para añadir victorias a la gloria de su nombre. A la generación de la undécima hora Dios le dará estrategias que probablemente nunca se han visto. Estas tácticas solo serán dadas por Dios con el propósito de que el mundo entero conozca que Jesucristo es el Señor.

No nos podemos cerrar al cambio de los tiempos. Tenemos que dejar de pensar que todo se trata de nosotros, la iglesia. La realidad es que fuera de nuestras cuatro paredes la gente no conoce del amor de Jesucristo y de su plan reconciliador con la humanidad. Esa encomienda la tenemos nosotros, y no la vamos a lograr hasta que no conquistemos las esferas más importantes de nuestra sociedad, tales como la educación, el gobierno, los medios de comunicación y la ayuda social.

Tu mensaje puede ser muy bueno dentro de las cuatro paredes, de hecho puede edificar mucho a los feligreses que asisten semanalmente. No obstante, si tu mensaje no está motivando a los que se congregan a predicar el plan reconciliador de Nuestro Señor Jesucristo en la sociedad, realmente no estamos cumpliendo con nuestra gran comisión. Dios mejor que nadie sabe que los tiempos en los que vivimos están cambiando dramáticamente. Por esto él desea que nos instruyamos y estemos al tanto de lo que está pasando en nuestra sociedad, para que así entendamos el idioma que está hablando esta generación. Los cristianos no podemos vivir ajenos de cómo piensa la gente. La Biblia dice que «El hombre se pierde por falta de conocimiento». El simple ejercicio de leer un periódico de tu ciudad cada día te permitirá conocer el sentir de la sociedad en donde vives. Una vez que estés enterado de los problemas de tu sociedad, entonces te será más fácil entender las estrategias que Dios te está dando para que hagas brillar su luz en medio del lugar en el que vives.

La generación de la undécima hora, al igual que David, sabe medir la distancia de la batalla. Era ilógico que David combatiera a Goliat con una pequeña espada, porque lo hubiera limitado a una posición de batalla poco efectiva. En cambio la estrategia de la honda le permitió ubicarse a una perfecta distancia desde donde podía ver todo el panorama del gigante y así derribarlo. Con esto quiero explicarte que la generación de la undécima hora tiene como propósito ser parte de las posiciones más estratégicas de la sociedad, porque su fin es propagar la Palabra de Dios a cuanta más gente sea posible.

Un gran ejemplo de esto en nuestra actualidad fue lo que hizo nuestro hermano en Cristo Juan Luis Guerra, un gran compositor y cantante de nuestros tiempos. Él fue nominado para seis *Grammys Latinos* en el año 2007. La noche en que televisaron la ceremonia de la entrega de los premios ganó todas sus nominaciones. Lo impresionante fue que en cada una de las seis veces que subió a recibir su premio, lo primero que mencionó fue el nombre de Jesús. Pueden creer que esa noche más de 11,000,000 de televidentes alrededor de todo el mundo escucharon 6 veces el nombre que es sobre todo nombre ¡Jesucristo! La hazaña de esa noche para Juan Luis no fue ganar seis *Grammys,* sino que muchísima gente en el globo terráqueo sienta el interés de conocer a Jesucristo como Señor y Salvador, y como el dador del verdadero éxito. Por favor, reflexiona desde qué ángulo estás viendo al mundo en donde vives. Por favor, mide bien la distancia en donde estás ubicado y desde allí aprovecha para cumplir tu misión.

Como tú nadie hay

Letra y música: Daniel Calveti

Yo me acosté y desperté, y cuando puse mi pie sobre tierra me
Sentí confiado
Yo miré al cielo y traté de contar las estrellas, y eran
Tantas que pregunté dónde está su pintor.
Yo me paré a la orilla de un gran mar y me pregunté,
Quién le puso su límite.
Desde niño aprendí que los sabios decían que la
Mente de excelencia la tienes tú, solo tú.
Jesús como tú nadie hay,
Como tú nadie habrá simplemente eres Dios.
Te adoro, te adoro, yo te adoro a ti mi Dios.

Tomado del álbum musical «En paz» ©2008

CAPÍTULO XIII

EL SECRETO DE LA GENERACIÓN DE LA UNDÉCIMA HORA

«Y decían: Saúl hirió a su miles y David a sus diez miles»
(1 Samuel 18:7b).

Nadie conocía quién era David antes que peleara contra Goliat, pero al derribar a este gigante, todo el mundo supo lo conoció y admiraban lo que Dios había hecho con él. Los hermanos de David y todo el ejército de Israel estuvieron cuarenta días turbados y con miedo, escondidos de Goliat. Sin embargo, David en unos minutos enfrentó a ese paladín lo venció.

«El secreto de la generación de la undécima hora consiste en que lo que a otros les ha tomado mucho tiempo, Dios lo hará contigo en *una sola hora*».

Creo que este es el momento para que pienses y digas: ¡Ah, ahora entiendo, Dios no se había olvidado de mí en la plaza. Él me tenía reservado para una hora específica!

Tu tiempo de ser exhibido por Dios para su gloria ha llegado. Dios está enviando sobre ti la unción de la undécima hora, para que en una sola hora hagas proezas para gloria de su Nombre. Lo que le tomó mucho tiempo en lograr a tus padres, maestros, líderes, etc., Dios lo hará contigo en una sola hora. Prepárate, porque antes nadie sabía acerca de ti, mas ahora a causa de la unción de la undécima hora, todos querrán saber quién eres. Al igual que esas obras de arte en aquellos salones exclusivos del museo de Louvre, todo el mundo querrá ver lo que Dios está haciendo contigo. Esos salones exclusivos representan el lugar en donde Dios te pone para exhibirte al mundo para su gloria.

En el pasaje de Mateo 20 podemos pensar que el padre de familia estaba muy interesado en concluir su obra con excelencia. Él sabía que los obreros que estaban trabajando desde la mañana estaban cansados, y por esa razón no terminarían su obra a perfección. No obstante, él trajo a los de la undécima hora para que relevaran el trabajo de los que habían llegado primero. El padre de familia sabía que los de la undécima hora estaban fortalecidos y descansados, así que podrían terminar su obra con éxito y perfección. Aunque la generación de la undécima hora tiene mucho vigor y excelencia, sin embargo por encima de estas características, están muy llenos de humildad y honra. Saben que a la hora de relevar el trabajo de los que estuvieron antes que ellos tienen que hacerlo honrando la gran labor de estos primeros, quienes abrieron camino y establecieron fundamentos para hacernos el trabajo más fácil a nosotros, los de la generación de la undécima hora.

El éxito y las puertas que Dios me ha abierto en el ministerio se lo debo a Dios y a mis padres. Ellos no se imaginan cómo les agradezco todo lo que me enseñaron y todos los esfuerzos que hicieron para que yo llegue hasta aquí hoy. Con mucha humildad les honro y les bendigo con mi amor, servicio y con el fruto de mis manos. El hecho de que Dios haga contigo mayores cosas que tus antepasados y en un instante, no te da el derecho para que seas prepotente, ni mucho menos humillante.

Es imposible que tú tengas éxito sin que Dios use a alguien para abrirte camino, y es imposible que tú construyas si no hay fundamentos. El honrar a otros trae bendición. El mismo Jesús para comenzar su ministerio tuvo que ser bautizado por Juan el Bautista, a quien honró por haber sido la persona que preparó el camino para él. Jesús necesitaba relevar de las manos de Juan la gran encomienda, pero necesitaba la bendición de Juan. Quizás te cuestiones: Si a Jesús le bastaba la bendición de su Padre ¿Por qué necesitaba la bendición de Juan el Bautista para comenzar su ministerio? Sencillamente porque Jesús quería honrar a las autoridades terrenales que su Padre había establecido. Esto quiere decir que la honra a las figuras terrenales demuestra que no puedes funcionar solo, que necesitas aprender a rendir cuentas para entonces recibir cobertura, y que es imposible que te tomes lo méritos para ti solo.

Creo que tus padres, pastores y líderes se merecen que hables con ellos. Que les digas lo agradecido que estás a Dios por sus vidas, que los honres como Dios te ponga en tu corazón y que te pongas a su servicio.

Una razón por la cual Dios hará grandes cosas contigo en una solo hora es porque *quiere llamar la atención del mundo a él.* Él exhibirá en el momento su gloria en ti de manera radiante y *porque desea que la humanidad se reconcilie con él* y vuelva a cumplir su propósito original, el de *vivir para exhibirse para la gloria de su nombre.*

Todo el éxito, favor y gracia que Dios te está dando bajo la unción de la undécima hora es solo con el propósito de que la humanidad vuelva a ser su exclusiva obra maestra. La segunda razón por la cual Dios hará enormes maravillas contigo en una sola hora es porque Jesús prometió que regresará por nosotros, nadie sabe cuando, pero de seguro su deseo es que todo el mundo conozca de su amor. ¡Es nuestra labor que todo el mundo escuche que Jesucristo es el Señor!

Yo te pienso

Letra y música: Daniel Calveti

No te veo pero te siento, saqué este momento para elogiarte.
Estoy agradecido y aunque otros no te piensen yo te pienso.
Cristo creo en ti, yo creo en ti, eres más que mi vida.
Cristo creo en ti, he venido a decir cosas lindas de ti.
Santo, Bueno, como es que no te veo y te siento.
Dios de amor mi primer lugar.
Aunque otros no te piensen yo te pienso.
Yo te pienso, yo te pienso, yo te pienso, yo te pienso.

Tomado del álbum musical «En paz» ©2008

CAPÍTULO XIV

LA PROMOCIÓN

No temas a la promoción, no temas a ser favorecido por Dios ante el mundo. A Dios le interesa exhibirte para llamar la atención de la humanidad hacia él. Para lograr su propósito le requerirá exponerte y darte influencia ante el mundo. Acepta el favor de Dios sobre tu vida. Mírate como un embajador que tiene autoridad pero trabaja para que tu jefe sea conocido y alabado. Jesús sabe que tú no eres perfecto pero confía en ti. Él sabe que puede darte influencia ante el mundo para que cumplas su encomienda. Él lo sabe porque conoce tu actitud, y sin importar cuan grande sea tu éxito guardas el mismo corazón dispuesto, humilde y moldeable que obtuviste en la plaza. Él siempre estará enamorado de ese corazón. La manera más fácil para guardar tu corazón es dándole siempre la gloria a Dios.

Recuerdo cuando con tan solo mis primeros discos fui nominado a varios premios como los *Grammys Latinos*, los *Dove*, los *Arpa*, entre otros; me preguntaba ¿por qué habiendo tantos que pudieran estar allí me tocó a mí? Entonces entendí que Dios estaba exhibiéndome para que el mensaje que había puesto en mí se diera a conocer y su nombre recibiera gloria. Una de las claves de la generación de la undécima hora es que aprovechan al máximo el momento de exhibición para llevar un mensaje. Siempre aconsejo a las personas que por primera vez van a grabar un disco que se aseguren que Dios les haya dado un mensaje que transmitir. La música de un disco puede ser muy bonita, pero si no tiene un mensaje solo será recordada como una «música bonita». Pero cuando la música antecede un buen mensaje, entonces las personas que escucharon el disco recordarán de por vida el *cambio* que causó el oír ese buen mensaje.

En una ocasión una persona me comentó que entregó su vida a Jesucristo y se apartó de sus pecados a raíz de escuchar un CD de música. Él cuenta que una amiga le regaló uno de sus CD, y cuando lo oyó por primera vez comenzó a llorar, porque una de las letras le ministraba el amor de Dios. ¡Entonces rendí mi vida a Cristo! —comentó. Hoy en día el mensaje que este muchacho está dando es: «Yo sentí el amor de Dios y él perdonó mis pecados». Dios recibe gloria cuando nosotros sabemos que estamos aprovechando el tiempo de exhibición y de influencia que él nos está dando para transmitir un mensaje. Recibí un correo electrónico que contenía el testimonio de un joven de dieciséis años de edad. Cuenta que se encontraba en su recámara a punto de quitarse la vida porque pensaba que nadie lo amaba. Unos minutos antes prendió el televisor y se quedó observando el vídeo de la canción de *La niña de tus ojos* que por casualidad estaban mostrando en ese momento. Entonces, sus palabras fueron: «Comencé a llorar porque sentí que valía mucho para Dios, que él me amaba y mi vida le importaba mucho». Inmediatamente abandonó todos los preparativos para su idea fatal y entregó su vida a Jesucristo. Hoy en día felizmente le sirve a Dios y se está congregando en una buena iglesia. Su mensaje es «Dios me libró del suicidio». ¡Su mensaje en nosotros está cambiando el rumbo de las personas y los está dirigiendo a él.

Mientras te relato otro gran testimonio del poder de Dios, por favor piensa; ¿cuál es tu mensaje?

Camila, una joven chilena, tuvo un grave accidente automovilístico el cual la dejó en estado de coma. La ciencia médica no le daba mucha esperanza de vida, sin embargo, sus padres confiaron en que Dios tiene la «última palabra», canción que comenzaron a colocarle día tras día en la sala de cuidados intensivos de aquel hospital en donde se encontraba. Repentinamente, Camila comenzó a recuperarse de una manera muy acelerada. Los médicos y su familia estaban maravillados de su recuperación porque realmente era un milagro que no se esperaban. Hoy en día Camila alaba a Dios por su sanidad y agradece a sus padres por llenar aquella habitación con música que contenía un mensaje que levantó su vida de un estado de coma. ¡Gloria a Dios! Camila ha tocado con su testimonio hasta el momento a 172,341 personas a través de la Internet. Su mensaje es «Dios me levantó de una cama de hospital».

Cuántos testimonios hemos recibido Shari y yo de matrimonios que estaban a punto de divorciarse, pero al escuchar en la canción que Dios tiene la «última palabra», le han permitido a Dios que los restaure, y hoy en día su mensaje es «Dios restauró nuestro matrimonio». ¡Gloria a Dios!

Tu mensaje producirá que Dios haga milagros en otras personas en una sola hora. En un momento puede cambiar la vida de alguien que oye un poderoso mensaje. Cualquiera que sea tu mensaje, recuerda que el propósito es llevar a la gente a que se acerquen a Dios.

La Biblia también nos presenta a personas que tenían un mensaje para su tiempo. Y algunos de ellos fueron mensajes tan impactantes que han trascendido de generación en generación hasta el día de hoy:

- Jesús: «Yo soy el Hijo del Dios viviente» «Yo soy el camino, la verdad y la vida, nadie viene al Padre si no es por mí».
- Juan el Bautista: «Arrepentíos y convertíos porque el Reino de los Cielos se ha acercado».
- David: «Hay Dios en Israel y se respeta».
- Moisés: «Libertad a mi pueblo».

Y tú: ¿Cuál es tu mensaje?

Dios no permite que una predicación o una canción sean éxito sin ninguna razón, sino que las aprueba porque él las establece como un mensaje para nuestra generación. Cuando estos mensajes salen de tu boca los estás entregando a una generación que se lo transmitirá a la próxima.

El ser exhibido es poder reflejar la gloria de Dios en ti. *No necesariamente* tienes que estar en una tarima con un micrófono frente a miles de personas para ser exhibido. Tú puedes ser exhibido en tu trabajo, en tu vecindario, en la escuela, en la universidad, en tu iglesia, etc.

El ser exhibido es reflejar el éxito que Dios te ha dado en tu vida, en tu casa y en tus proyectos, para que otros vean que Dios te ha llenado de favor y que valió el tiempo de espera en la plaza. Todo esto provocará en la gente que te vea, a que rindan su vida a nuestro Señor Jesucristo y así ellos también puedan ser obras que se exhiban exclusivamente para la gloria de su Nombre.

Recuerda siempre que tú eres una obra maestra creada por Dios y puesta en este museo llamado Mundo. Recuerda que vives para exhibirte para la gloria de su Nombre. Recuerda siempre que para correr a la plaza tienes que hacerlo con los ojos puestos en Jesús quién es tu Salvador, con paciencia y sabiendo que tienes muchos ejemplos de fe que constantemente te estarán animando. Usa siempre los principios bíblicos que te ayudarán a soportar cualquier adversidad y a esperar en Dios.

Recuerda que a tu favor siempre estarán los beneficios que se aprenden en la plaza, como la oración y el escuchar la voz de Dios. Sé siempre obediente y actúa con fe siguiendo el camino que él ha trazado para ti. Recuerda que fuiste preparado y reservado por Dios para una hora específica. Recuerda siempre que con humildad y honra harás en una sola hora lo que a otros les tomó mucho tiempo lograr. Recuerda que tienes un mensaje que entregar a tu generación, y por último, recuerda que el único propósito por el cual a Dios le interesa exhibir su gloria en ti es para que la humanidad se reconcilie con él.

¡Sigue adelante, tú eres la generación de la undécima hora!

Que Dios te bendiga siempre.

FIN

BIBLIOGRAFÍA DE REFERENCIA:

1. *Biblia de la Vida Victoriosa*, Reina Valera 1960
2. *Biblia de Estudio NVI*
3. www.wordreference.com
4. www.wikipedia.com
5. www.biblegateway.com

DATOS ACERCA DEL AUTOR

Daniel Calveti es un dinámico ministro de adoración. Es uno de los principales salmistas y exponentes de la Palabra de Dios en Puerto Rico. «La gracia de Dios es lo único que me ha llevado a alcanzar lo que tengo» dice Daniel, quien reconoce que por su gracia aun vive, ya que parte importante de su testimonio es el que Dios lo resucitó de la muerte a los seis meses de haber nacido, después de haber padecido meningitis.

Nació en la ciudad de Caracas, Venezuela, el 29 de noviembre de 1977, y a la corta edad de cinco años comenzó a cantar y a predicar junto a sus padres. A los doce años de edad se radicó en Houston, Texas, junto a sus padres y hermanos. A los diecisiete años se mudó junto a su familia a Puerto Rico, e ingresó al Colegio Bautista de Caguas para culminar su Escuela Superior. Esta institución educativa, en la que participó como Líder Espiritual, le otorgó una beca de estudios. Posteriormente ingresó a la Universidad Sagrado Corazón donde fundó el Comité de Jóvenes Cristianos (CJC).

Daniel y su familia, integrada por su amada esposa Shari, quien representa para él la mitad del propósito que Dios le ha dado, Isaac Daniel; su primer hijo, Natán Gabriel, y Daniela Grace la más pequeña, son miembros de la iglesia *Centro Cristiano Fruto de la Vid,* en Caguas, Puerto Rico, ciudad donde residen. Es en esta iglesia pastoreada por sus padres Juan y Angélica Calveti, que Daniel y Shari se destacan como lideres dirigiendo exitosamente el ministerio de matrimonios *Pasión 001.*

Según pasa el tiempo, Daniel comienza a recibir testimonios de las personas que han logrado recuperar sus sueños y los propósitos de Dios en sus vidas, a través de una predicación o enseñanza de la Palabra de Dios, dada por él. Esto lo impulsa a escribir su primer libro titulado *Vivir Expuesto* —El camino de un hijo de pastor—. En sus páginas comparte vivencias y experiencias en un lenguaje sencillo pero profundo, con el propósito de lograr en cada lector su identidad en Dios. Este libro fue publicado por Editorial Vida, y ha sido nominado como «Mejor biografía y Mejor diseño gráfico».

Daniel compone sus canciones como resultado del tiempo de oración y compañerismo que pasa con Dios. «Son experiencias personales», nos explica Daniel; «simplemente vienen a mi mente en el tiempo que estoy a solas con él en oración», y estos cantos han trascendido fronteras tocando corazones de personas en todo el mundo, ayudándoles a profundizar su relación con Dios. Daniel piensa que es importante enfocarnos en trabajar en el carácter del cristiano, y cree que los cambios más profundos del ser humano solo se realizan en la intimidad con la presencia de Dios.

Su primer disco, titulado *SOLO TU GRACIA*, cuenta con reconocidos temas como: *La última palabra*, *Jesús, haz mi carácter*, *Solo tu gracia* y *Espíritu Santo*, entre otros. Estas canciones han sido de gran bendición e impacto en todo lugar y presentación donde Daniel ha ministrado.

Después de una exitosa trayectoria, tanto en el ambiente musical cristiano como en el secular con el tema *La última palabra*, lanza su segunda producción discográfica titulada *VIVO PARA TI*. Su primer sencillo *La niña de tus ojos*, ocupó los primeros lugares en las emisoras de Puerto Rico y Estados Unidos. También se destacó en la segunda posición en el *Billboard Latino*.

En el 2007, Daniel nos presenta su tercera producción, grabada en vivo en Puerto Rico *UN DÍA MÁS*. Encontramos en este proyecto un modelo devocional, donde se resaltan tres etapas importantes en nuestro tiempo con Dios. La línea de su primer sencillo *Un día más* es un corte, característico de su adoración a Dios.

Daniel ha sido nominado por dos años consecutivos (2006-2007) a un Premio *Grammy* como Mejor álbum cristiano del año y al Premio *DOVE*. Además fue nominado a un premio *ARPA* (2006-2007) como Compositor del Año. Nominado también a los Premios *ARPA*, categoría Compositor del año con el tema: *La niña de tus ojos*.

EN PAZ, título de la más reciente producción discográfica de Daniel Calveti. Es el resultado de la necesidad que tenía de intimar con Dios, siendo el Salmo 4:8 una de las citas bíblicas que dan fundamento a este excelente trabajo discográfico. Este nuevo disco compacto que está compuesto por diez canciones «ha sido como un bálsamo para mi alma» dice Daniel, «y deseo que así lo sea para todo el que lo escuche».

Daniel Calveti forma parte del *Grupo Canzion*, fundado y presidido por Marcos Witt. Durante su trayectoria como salmista se ha presentado para compartir tiempos de alabanza, adoración y la Palabra de Dios en diferentes partes del mundo: Estados Unidos, el Caribe, Centroamérica, Sudamérica y Europa.

DISFRUTE DE OTRAS PUBLICACIONES DE EDITORIAL VIDA

Desde 1946, Editorial Vida es fiel amiga del pueblo hispano a través de la mejor literatura evangélica. Editorial Vida publica libros prácticos y de sólidas doctrinas que enriquecen el caudal de conocimiento de sus lectores.

Nuestras Biblias de Estudio poseen características que ayudan al lector a crecer en el conocimiento de las Sagradas Escrituras y a comprenderlas mejor. Vida Nueva es el más completo y actualizado plan de estudio de Escuela Dominical y el mejor recurso educativo en español. Además, nuestra serie de grabaciones de alabanzas y adoración, Vida Music renueva su espíritu y llena su alma de gratitud a Dios.

En las siguientes páginas se describen otras excelentes publicaciones producidas especialmente para usted. Adquiera productos de Editorial Vida en su librería cristiana más cercana.

Vida

DEDICADOS A LA EXCELENCIA

¡Adquiéralos hoy!

www.danielcalveti.com

Biblia de Estudio NVI

La primera Biblia de estudio creada por un grupo de biblistas y traductores latinoamericanos. Con el uso del texto de la Nueva Versión Internacional, esta Biblia será fácil de leer además de ser una tremenda herramienta para el estudio personal o en grupo. Compre esta Biblia y reciba gratis una copia de ¡Fidelidad! ¡Integridad!, una guía que le ayudará a aprovechar mejor su tiempo de estudio.

ISBN: 0-8297-2401-X

BIBLIA
NVI BILINGÜE

NUEVA VERSIÓN INTERNACIONAL

A DOS TONOS

0-8297-4791-5

Una Biblia que ofrece el máximo de portabilidad y que viene ahora con una cubierta suave y flexible de piel italiana a dos tonos.

LA BIBLIA EN 90 DÍAS

KIT 90

0-8297-4956-X

BIBLIA
0-8297-4952-7

GUÍA DEL PARTICIPANTE
0-8297-4955-1

DVD
0-8297-4953-5

La Biblia en 90 días es a la vez una Biblia y un currículo que permite a los lectores cumplir lo que para muchos cristianos es la meta de su vida: leer toda la Biblia, de «tapa a tapa», en un período de tiempo que les resulte manejable. El plan consiste básicamente en la lectura diaria de doce páginas de esta Biblia de letra grande, preparada para ayudar al lector a lograr su objetivo.

Nos agradaría recibir noticias suyas.
Por favor, envíe sus comentarios sobre este libro
a la dirección que aparece a continuación.
Muchas gracias.

Editorial Vida
8410 N.W. 53rd Terrase - Suite 103
Miami, Florida 33166

vida@zondervan.com
www.editorialvida.com